MARK KELLER

ÜBER GLÜCK

MARK KELLER

ÜBER GLÜCK

Glaube fest daran und es wird zu dir kommen

In Zusammenarbeit mit Martina Mack und Elmar Schäfer.

riva

Bibliografische Information der Deutschen Nationalbibliothek
Die Deutsche Nationalbibliothek verzeichnet diese Publikation in der Deutschen Nationalbibliografie. Detaillierte bibliografische Daten sind im Internet über http://dnb.d-nb.de abrufbar.

Für Fragen und Anregungen
info@rivaverlag.de

Wichtiger Hinweis
Ausschließlich zum Zweck der besseren Lesbarkeit wurde auf eine genderspezifische Schreibweise sowie eine Mehrfachbezeichnung verzichtet. Alle personenbezogenen Bezeichnungen sind somit geschlechtsneutral zu verstehen.

Originalausgabe
1. Auflage 2023

Türkenstraße 89
80799 München
Tel.: 089 651285-0
Fax: 089 652096

Redaktion: Doreen Fröhlich
Umschlaggestaltung: Karina Braun
Umschlagabbildung: © Nils Schwarz
Satz: abavo GmbH, Buchloe
Druck: GGP Media GmbH, Pößneck
Printed in Germany

ISBN Print 978-3-7423-2114-5
ISBN E-Book (PDF) 978-3-7453-1887-6
ISBN E-Book (EPUB, Mobi) 978-3-7453-1888-3

Wir produzieren nachhaltig
www.m-vg.de

Weitere Informationen zum Verlag finden Sie unter
www.rivaverlag.de
Beachten Sie auch unsere weiteren Verlage unter www.m-vg.de

Inhalt

Vorwort

Der eine oder andere kennt mich als Schauspieler und einige vielleicht auch als Sänger, aber ganz sicher kennt mich niemand als Buchautor. Das liegt zweifellos daran, dass ich noch nie ein Buch geschrieben habe und auch nicht einmal im Traum daran gedacht hätte, etwas in der Art zu tun. Als man auf mich zukam und mir vorschlug, meine Vergangenheit zu Papier zu bringen, war ich zunächst mehr als skeptisch. Was sollte ich über mein Leben erzählen? Irgendwie empfand ich es als zu unbedeutend, was ich der Welt zu sagen hätte. Ich war diesbezüglich immer eher zurückhaltend, ein Ballflachhalter, keiner, der große Wellen macht. Wellenmacher gibt es schließlich zur Genüge, und da braucht man nicht noch mich, der aus seinem kleinen aufblasbaren Pool mit Wasser spritzt. Mein Credo war stets: »Bleib bei dir und genieße dein kleines Glück.«

Man erklärte mir, dass ich keine klassische Biografie schreiben, sondern aus einem ganz speziellen Blickwinkel über mein Leben erzählen solle. Geschichten über Dinge, die mich in den jeweiligen Lebensabschnitten glücklich gemacht haben, und wie ich es geschafft habe, mir auch in schwierigen Situationen mein kleines Glück zu bewahren. Und das war es dann auch schließlich, was mich überzeugte. Das wollte ich machen und erzählen, und je mehr und tiefer ich begann, mich mit meinem eigenen Glück auseinanderzusetzen, umso glücklicher machte mich die Arbeit an diesem Buch. Zusammen mit meinem alten Freund und Weggefährten Elmar Schäfer, mit dem ich schon seit vielen Jahren den einen oder anderen Film gemacht hatte, und der Journalistin Martina Mack entstand dieses Buch.

Alles schien sich plötzlich wunderbar zu fügen. Ich war gerade in den letzten Zügen, mein erstes deutschsprachiges Album »Mein kleines Glück« fertigzustellen, und gleichzeitig begann ich an dem Buch zu schreiben, welches meine Geschichte ebenfalls aus der Perspektive des kleinen Glücks erzählt. Ich lade Sie herzlich ein auf diese Reise durch mein Leben. Begleiten Sie mich auf dem Weg durch meine Höhen und Tiefen, und wenn sich auch nur ein paar Menschen, vor allem auch junge Menschen, durch dieses Buch ermutigt fühlen, an sich zu glauben, ihre Träume zu leben und unbeirrt ihren Weg zu gehen, dann hat sich jede Zeile gelohnt.

Bleiben Sie immer bei sich und bewahren Sie sich Ihr kleines Glück!

Ihr Mark Keller

Kapitel 1:

Meine Heimat. Überlingen am Bodensee – mein Herz, meine Seele, meine Wurzeln, mein Glück

Heimat ist die Beziehung zwischen einem Menschen und einem ganz besonderen Ort: meistens der, an dem man geboren wird, wo man aufwächst und als junger Mensch seine Identität, seine Mentalität und Weltauffassung entwickelt. Meine Heimat ist Überlingen am Bodensee. Hier bin ich geboren, aufgewachsen, von hier aus bin ich in die Welt hinausgegangen und trotzdem immer dageblieben.

Alles begann, als meine Oma, die in Leipzig geboren wurde und in Köln lebte, in den letzten Jahren des Zweiten Weltkriegs nach unzähligen schweren Luftangriffen auf die Domstadt mit ihren fünf Kindern zu Fuß nach Überlingen flüchtete. Opa war zu dem Zeitpunkt als Soldat an der Front. Meine Großeltern haben sich vor dem Krieg in Köln kennengelernt und beide für eine reiche Familie gearbeitet. Mein Opa stammte gebürtig aus Langenargen, was etwa 40 Kilometer östlich von Überlingen am Bodensee liegt. Als meine Oma und die Kinder nach zwei Monaten Wanderschaft Überlingen erreichten, wurden sie von der Gemeinde freundlich aufgenommen. Man teilte ihnen übergangsweise einen Wohnraum im örtlichen Gefängnis zu. Nach Kriegsende, als alle Gefangenen die Haftanstalt schließlich verlassen hatten, bot die Gemeinde meinen Großeltern an, zur Miete dort weiter wohnen zu dürfen. In Überlingen bauten sie für sich und ihre Kinder ein neues Leben auf.

In der Turmgasse 7, dem ehemaligen Knast, begann für mich 1966 alles. Hier wuchs ich bei meinen Großeltern in einer bescheidenen Dreizimmerwohnung auf. Mein Vater Ante wohnte nur ein paar Häuser entfernt, in der Turmgasse 13, dem gleichen Haus, wo auch mein Onkel Günther und meine Tante Gertrud mit ihren Kindern Rainer, Gudrun und Gabi lebten.

Mit meinem Cousin Mirko und meinen Cousinen Sabine und Sandra, den Kindern von Tante Schatzi, war ich sehr eng befreundet und auch oft zusammen, obwohl sie eine Viertelstunde von Überlingen entfernt in Daisendorf wohnten. Sie haben öfter bei uns übernachtet, und wir Kinder haben dann alle zusammen, zu viert, zu fünft, in meinem Zimmer geschlafen.

Etwa eineinhalb Kilometer den Berg hinauf lebten mein Onkel Manfred und meine Tante Bärbel mit meinen vier Cousins und Cousinen Angela, Charlie, Mario und Manuela in einem Reihenhaus. Sie waren Anfang der 1970er-Jahre in die Gegend gezogen. Manfred war Omas einziger Sohn und durch seine Verletzung, die er in jungen Jahren bei einem Autounfall mit Mamas erstem Mann Rainer erlitten hatte, zeit seines Lebens gesundheitlich sehr eingeschränkt und dadurch ein wenig Omas Sorgenkind. Als ich noch recht jung war, bin ich mit meiner Oma mehrmals pro Woche die eineinhalb Kilometer zum Schättlisberg hochgelaufen und habe dort mit meinen vier und fünf Jahre älteren Cousins Charlie und Mario mitkicken dürfen, wenn die mit ihren gleichaltrigen Freunden Fußball gespielt haben.

Manchmal, wenn ich heute dort vorbeifahre, erinnere ich mich für einen kurzen Moment an diese schöne und unbeschwerte Zeit. Heute lebt von dem Teil der Familie keiner mehr dort. Onkel Manfred ist schon vor langer Zeit gestorben, auch meine Cousine Angela und mein Cousin Charlie sind leider nicht mehr am Leben.

Als kleines Kind bin ich fast jede Woche mit meiner Oma im Zug an die andere, die österreichische Seite des Bodensees nach Bregenz gefahren. Eine ihrer Töchter, meine Tante Inge, hatte dort einen Musiker geheiratet und zwei Töchter bekommen: meine Cousinen Christine und Petra. Wir haben dort dann immer das ganze Wochenende verbracht und sind erst sonntags mit dem Zug wieder zurückgefahren. Tante Inge war die letzte der drei Schwestern meiner Mutter, die noch lebte. Inzwischen ist aber auch sie verstorben.

Meine ganze Kindheit war davon geprägt, das Glück zu haben, an einem wunderschönen Ort aufwachsen zu dürfen, eingebettet in eine lebhafte Familie aus Oma und Opa, Tanten und Onkels, Cousins und Cousinen und natürlich meinem Vater. Nachdem meine Mutter acht Monate nach meiner Geburt gestorben war und mein Vater leider offiziell nicht für mich sorgen durfte, da meine Eltern nicht verheiratet waren, erwirkte meine Oma das Sorgerecht, und ich wuchs bei meinen Großeltern auf. Meine Oma arbeitete teilweise in drei verschiedenen Jobs, um etwas zusätzliches Geld in die Familienkasse zu spülen. Sie machte halbtags den Haushalt für eine reiche Überlinger Unternehmerfamilie, davor putzte sie am frühen Morgen schon in der Gaststätte ihrer Tochter Gertrud, dem »Torkelstüble«, und nachmittags machte sie noch in einer Konditorei sauber. Mein Opa, der zeit seines Lebens Lokomotivführer war, war bereits in Rente, half bei einem Bootsverleih aus, und wenn er Zeit und Lust hatte, ging er seiner Leidenschaft, dem Angeln, nach. Dafür musste er aber schon um vier Uhr früh aufstehen und auf den See hinausfahren. Das war und ist nicht meine Zeit und damit wahrscheinlich auch der Grund, warum mich Angeln nie wirklich fasziniert hat. Am 22. Mai 1965, gerade einmal 17 Tage nach meiner Geburt, hatte mein damals noch berufstätiger Opa eine sehr prominente Fuhre und landete eine Meldung in der Presse: »Lokomotivführer Karl Keller aus Überlingen hatte die große Ehre, die britische Königin Queen Elizabeth bei ihrem Deutschlandbesuch mit dem Sonderzug am Bodensee nach Salem zu chauffieren.« Prinz Philip, der Ehemann der Queen, hatte zwei Jahre im Internat Schloss Salem verbracht. Außerdem ist das Haus Baden dem britischen Königshaus auf mehreren Ebenen sehr verbunden.

***

In der Turmstraße 7, dem alten Gefängnis, in dem ich bei meinen Großeltern aufgewachsen bin, hat heute die Narrenzunft Überlingen ihren Sitz. In Überlingen feiert man die schwäbisch-alemannische Fasnet. Wer das noch nie erlebt hat und kein Fasnet-, Faschings- oder Karnevalfan ist, kann wahrscheinlich nicht nachvollziehen, was in der fünften Jahreszeit in Überlingen abgeht. Es ist anders als der Karneval in Köln, aber der Ausnahmezustand ist ähnlich. Ab dem sogenannten »Schmotzingen Donnerstag« brechen alle Dämme, und die Narren übernehmen in der Stadt das Zepter. Am Samstag findet dann der berühmte »Hänselejuck« statt. Dabei handelt es sich um einen Nachtumzug, bei dem ausschließlich die Überlinger Hänsele sowie verschiedene Musikkapellen teilnehmen. Am Rosenmontag abends schließt sich der »Hemdglonker-Umzug« an. Die Teilnehmer tragen Nachthemden und machen mit Rätschen, Trommeln und allem anderen Lärmgerät Megaradau.

Für uns als Kinder war das jedes Jahr ein ganz spezielles Highlight. Die Hauptfigur der Überlinger Fasnet ist das »Hänsele«. Das Kostüm, korrekt ausgedrückt »das Häs«, besteht aus einer Kappe mit einem Rotfuchsschwanz und einem Anzug aus Leinen. Darauf sind Filzplättchen in den Farben Schwarz, Rot, Grün, Gelb und Blau angebracht. Der Hänsele trägt weiße Handschuhe, ein weißes Schweißtuch, schwarze Strümpfe, schwarze Schuhe und eine Karbatsche. So viel zur Tradition und zum Kostüm. Für uns Kinder war das Interessanteste allerdings die Karbatsche, eine Art Peitsche aus geflochtenem Leinen und einem kurzen Holzstiel. Mit der

»schnellt« man, schwingt also in einer Körperdrehung die Karbatsche über dem Kopf in eine bestimmte Richtung. Das am äußeren Ende eingeflochtene Stoffbändchen durchbricht hierbei jedes Mal die Schallmauer und knallt mit dem typischen Peitschenknall. Ich konnte das »Schnellen« schon mit fünf Jahren. Wenn du das das erste Mal hinbekommst, fühlst du dich wie ein König. Fasnet war für uns als Kinder ein Riesenspaß und für die Erwachsenen natürlich auch. Ein Hänselekostüm hatte ich allerdings als Kind zunächst nicht. Es war einfach viel zu teuer, kostete damals um die 1000 D-Mark. Keine Chance, das konnten wir uns absolut nicht leisten. Ich habe später ein gebrauchtes von meinen Cousins geschenkt bekommen. Das konnte ich für zwei Jahre auftragen, bis es mir selbst zu klein wurde. Das war aber egal. Fasnet war Spaß, ausgelassene Stimmung, sich verkleiden und in eine andere Rolle schlüpfen. Und genau das habe ich ja bekanntermaßen später für mich in meinem Beruf weitergeführt.

Die besten Jahreszeiten am See sind natürlich Frühling und Sommer. Grüne Wiesen und blühende Obstbäume vor einem glitzernden See und noch verschneiten Berggipfeln sehen aus wie ein kitschige Fototapete. In der Realität ist es allerdings unbeschreiblich cool, wenn der See erwacht. Die Schifffahrtsbetriebe nehmen ab April ihre Ausflugsfahrten wieder auf, und das für mich beschauliche Städtchen Überlingen, das aktuell gerade einmal um die 24 700 Einwohner hat, wird wie jedes Jahr unzählige nationale und internationale Besucher begrüßen dürfen.

Für uns als Kids bedeutete der Beginn der warmen Saison: Ab an den See! In den Sommerferien waren wir nirgends anders. Da gibt es so viele lustige Geschichten und Erinnerungen an meine unbekümmerte wie glückliche Kindheit. Die Badesaison begann für uns meistens so im Juni, wenn die Wassertemperatur schon 20 bis 25 Grad betrug. Meine ersten Schwimmversuche machte ich im West-Bad von Überlingen im zarten Alter von vier Jahren. Natürlich Freestyle ohne Schwimmkurs oder Ähnliches. Ich schaute mir das Schwimmen bei meinen älteren Cousins ab. Meine Urtechnik stammte dabei eher vom Hund ab und hatte ausschließlich den Zweck, mit dem Kopf irgendwie über Wasser zu bleiben. Mit fünf hatte ich den Dreh dann raus. Später kamen neue Herausforderungen dazu. Im Bad gab es auch einen Sprungturm. Meine Cousins waren selbstverständlich schon wieder am Start und machten ihre Kapriolen. Ich schaute mir das eine Zeit lang an, nahm meinen ganzen Mut zusammen und habe es ihnen natürlich nachgemacht.

Als ich um die zehn, elf Jahre alt war, gingen wir nicht mehr ins Schwimmbad. Vielmehr bin ich mit meinen Cousins, Cousinen, Freunden und Schulkameraden, wer auch immer gerade Zeit hatte, nur ein paar Minuten von der Turmgasse zur Seepromenade hinuntergelaufen. Dort haben wir unsere Handtücher auf einem Mäuerchen ausgebreitet und sind direkt in den See gesprungen. Vor allem mein Cousin Mirko und ich waren immer für eine Show gut. Wir machten Köpfer, Saltos, alles, was unser Repertoire so hergab. Die Spaziergänger an der Promenade sahen uns dabei staunend zu.

Eine unserer Spezialitäten waren Arschbomben. Ich glaube, wir konnten wirklich die besten Arschbomben weit und breit. Der Trick war, zunächst die Leute zum Ufer zu locken. Das war nicht besonders schwer. Meist rief einer von uns: »Wow. Schaut mal, was ist das für ein großer Fisch?« Als die Touris herbeieilten und in den See starrten, sagte ich: »Ich spring mal drauf!« Und beim Sprung ins Wasser legte ich dann die ultimative Arschbombe hin. Der Wasserschwall, der auf der Promenade niederging, traf dabei den einen oder anderen Besucher unvermittelt mit voller Wucht. Die Unmutsäußerungen der klatschnassen Touris waren, um es freundlich zu formulieren, etwas ungehalten. Die Leute haben dann vor sich hin schimpfend gewartet, bis ich wieder aufgetaucht bin, um mir die Leviten zu lesen. Bin ich aber natürlich nicht. Vielmehr bin ich unter die Mauer getaucht, unter der ein Hohlraum war, wo man auf einem Stein stehen, den Kopf aus dem Wasser stecken und atmen konnte. Dort habe ich gewartet, bis die Luft oben auf der Promenade wieder rein war. Den Hohlraum unter der Mauer haben wir auch noch für eine andere Show genutzt, die wir Wetttauchen nannten. Mein Cousin Mirko sagte unüberhörbar: »Hey, Marko, lass uns um die Wette tauchen. Wer länger unten bleiben kann. Wir stoppen wieder die Zeit.« Es standen eigentlich immer ein paar Leute herum, die es mitbekommen haben. Sie beobachteten, was wir da so machten, und wurden so, ohne es zu wissen, ein Teil unserer Show. Ich sprang also ins Wasser und blieb unter der Mauer in meinem Versteck. An Land begannen sich die Touristen langsam Sorgen zu machen, als ich schon über eine Minute unter Wasser war: »Da ist was passiert. Wo ist er?« Mirko wiegelte ab. »Nein, der kann das. Das ist bei ihm immer so.« Nach zwei bis drei langen Minuten tauchte ich zehn Meter vom Ufer entfernt gespielt völlig erschöpft wieder auf und schleppte mich an Land. »Neuer Rekord, Marko!« Die Leute begannen zu applaudieren, und wir grinsten uns einen.

Ein paar Jahre später, ich war damals vielleicht so zwölf, begannen Mirko und ich aus unseren Tricks, die wir im Karatetraining gelernt und bei irgendwelchen Stuntmen abgeschaut hatten, eine Choreografie zu bauen und ab und zu unten an der Promenade Showschlägereien zu inszenieren. Das war unser Abendprogramm und lief meistens wie folgt ab: Unsere Cousins und Freunde saßen bereits an der Promenade auf der kleinen Mauer, wo wir tagsüber schwimmen waren. Dort lagen nebeneinander ein bekanntes Restaurant und ein Café, die beide natürlich immer gut besucht waren. Ich war zunächst etwa 50 Meter von den anderen entfernt und spielte den Lockvogel. Meist sprach ich ein älteres Ehepaar an und fragte nach der Uhrzeit, verwickelte sie dann in ein Gespräch, während wir an meinen Freunden vorbeischlenderten: »Von wo kommen Sie? Wie gefällt es Ihnen in Überlingen?« Plötzlich sprang Mirko auf, lief an mir vorbei und rempelte mich im Vorbeilaufen an. Die Touristen schauten erschrocken. »Hey, kannst du nicht aufpassen?«, raunzte mich Mirko an. »Was ist denn hier los?«, antwortete ich gespielt verdutzt. Das war es dann fast mit Dialog. Mirko brummelte noch aggro »Jetzt gibt es hier gleich mal einen drauf« und ballerte los.

Schon waren wir mittendrin in unserer Show. Kick in die Weichteile, an den Kopf, ich liege am Boden, Tritt in die Rippen. Das ging alles so schnell, dass die Leute es kaum fassen konnten. Die entsetzten Restaurantbesucher, die alles mitbekommen hatten, merkten schnell, dass das Ganze nur inszeniert war, als Mirko und ich zehn Minuten später wieder beste Freunde waren. Sie grinsten, bestellten sich noch einen Drink und beobachteten von der Terrasse aus Runde zwei unserer abendlichen Show. Einmal wäre die Nummer allerdings fast schiefgegangen. Ein paar Rocker, die sich zufällig auch in der Nähe der Promenade aufhielten und unsere Schlägerei verfolgt hatten, rannten in unsere Richtung, um mir zu helfen. Mirko ergriff, als er sie kommen sah, panikartig die Flucht; die Rocker hinterher. Sie wollten ihn schnappen und ihm ein paar vor die Mappe geben. In heller Panik sprang er in voller Montur in den See und setzte seine Flucht im Wasser fort. Später haben wir uns darüber kaputtgelacht. In dem Moment allerding hatten wir die Hosen schon einigermaßen voll.

Der eine oder andere Überlinger erinnert sich sicher heute noch schmunzelnd an unsere Auftritte. Viele Jahre später kam mir unsere jugendliche Stuntshow zugute, als ich in der Serie »Alarm für Cobra 11« immer wieder mal ähnliche Kampfszenen hatte.

Als ich so um die 15 Jahre alt war, trat ich zusammen mit Mirko in der Musikbar »Dingsbums« auf. Ich hatte eine Band, sang Songs von Elvis oder auch Dean Martin. Dazwischen spielten wir gemeinsam ein paar Sketche. Etwas später folgten die ersten Auftritte mit der

Sparkassen Big Band. Als ich an einem Abend einmal 500 Mark verdiente, hatte ich so das Gefühl, dass ich auf dem richtigen Weg war. Wir sind mit dem Hut herumgegangen, und die Leute waren sehr spendabel. Mein Vater sagte zu mir: »Marko, das war Glück, das war eine Ausnahme, das ist nicht immer so.« Er war in einer ganz anderen Zeit unter ganz anderen Umständen aufgewachsen und konnte sich nicht vorstellen, dass sich mit etwas anderem als harter Arbeit Geld verdienen ließ. Ich allerdings begriff, dass, wenn ich nur drei oder vier solcher Auftritte im Monat hätte, ich das gleiche Geld wie mein Vater als Automechaniker verdienen würde.

Überlingen ist ganz sicher nicht Hollywood, aber durch die vielen Touristen aus unterschiedlichen Regionen und die einmalige Lage war immer ein ganz besonderes Flair in der Stadt, das ohne Zweifel auch ein Nährboden für meine Entwicklung und meinen Werdegang war. In dem Zusammenhang erinnere ich mich auch gerne an die Nachmittage am Wochenende im Kurpark zurück. Dort spielte immer zur Kaffee- und Kuchenzeit eine Kurkapelle Jazz-Standards. Meist waren es rumänische Musiker in kleiner Besetzung wie Trompete, Klarinette, Saxophon, Schlagzeug und Kontrabass. Mich hat das fasziniert. Für mich war es ein wenig wie in den amerikanischen Filmen der 1950er- und 60er-Jahre, die ich so liebte. Ein schöner Platz, Menschen, die sich etwas herausgeputzt hatten, und Musik, die ich gerne hörte.

* * *

Trotz des frühen Todes meiner Mama, als ich noch ein Baby war: Für mich als Kind war Überlingen einfach ein Paradies, in dem ich unbeschwert und glücklich aufwachsen konnte. Auch als Erwachsener ist es für mich noch immer einer der schönsten Orte, die ich kenne, und nicht nur das, sondern es ist eben meine Heimat. Viele, die es sich leisten können, ziehen hierher, kaufen sich Traumimmobilien am See. Andere besuchen die weltbekannte Buchinger Klinik, um Körper und Seele durch Heilfasten wieder in Einklang zu bringen und ein paar überflüssige Kilos am Bodensee zurückzulassen.

Mein Leben hat damit nichts zu tun. Ich bin ein Teil dieser Stadt, komme aus ihr und habe einen völlig anderen Bezug dazu, als ihn reiche Wellness-Anhänger haben. Meine Cousins und Cousinen leben hier, mein Vater, meine beiden Halbbrüder Christian und Michi und natürlich auch Tülin, die Mutter meiner Kinder. Meine beiden Söhne sind ebenfalls nie von hier weggegangen. Genau so wenig wie ich, obwohl ich die meiste Zeit des Jahres beruflich ziemlich viel unterwegs bin und zusätzlich mit meiner Lebensgefährtin Anna einen zweiten Ankerpunkt in Köln habe.

Als ich jung war, wollten viele meiner Altersgenossen weg aus Überlingen und haben ihr Glück in der Fremde gesucht, weil sie das Kleinstadtleben nicht mehr ausgehalten haben. Einige meiner Klassenkameraden habe ich nach Jahren wieder in Überlingen getroffen. Viele haben das Glück, das sie woanders gesucht haben, dort nicht gefunden. Sie sind wieder in ihre Heimat zurückgekehrt, weil sie hier ihre Basis, ihre Familien und Freunde haben.

Mein Glück war es, dass ich durch meinen Beruf seit meinem 18. Lebensjahr sehr viel gereist bin und unterschiedlichste Orte, Plätze und Kulturen kennenlernen durfte. Durch diese Sicht von außen auf meine Heimat wurde mir an jedem Tag, den ich irgendwo anders unterwegs war, ein Stückchen mehr bewusst, wie wichtig Überlingen für mich ist.

Natürlich war mir nicht jeder Überlinger immer wohlgesonnen. Schon gar nicht, bevor meine Karriere begann. Es gab viele mürrische Kritiker, die spotteten: »Was glaubt der Keller eigentlich, wer er ist? Meint der wirklich, weil er hier ein bisschen Kasperltheater macht, dass er mal groß rauskommt?« Außer meiner Familie haben nur zwei Leute, Michael Jeckel und Hermann Stengele, an mich geglaubt und mich dabei unterstützt, meinen Traum in die Tat umzusetzen.

Ich genieße jede freie Minute am See, das Gefühl heimzukommen, auch wenn es meist nur für kurze Zeit ist. Ich treffe dann meine Söhne, die in der Regel meine Zeit vor Ort schon komplett verplant haben. Es beginnt beispielsweise damit, gemeinsam frühstücken zu gehen, danach etwas Sport, um »den alten Mann« fit zu halten, und wenn es in den Zeitplan passt, drehen wir noch ein kurzes Los-Kelleros-Tanzvideo. Nach dem Abendessen kommt es nicht selten vor, dass mein 14 Jahre jüngerer Bruder Michi noch dazustößt und mich zum unzähligen Male versucht, auf der Playstation im Golf zu schlagen. Leider ist ihm das noch nie gelungen.

Eine Tragödie, vor allem, wenn man weiß, dass Michi nicht verlieren kann und permanent eine Revanche will. Wenn Michi das hier liest, wird er wieder behaupten: »Alles Lug und Trug.« Aber ich kann nur sagen: »Es ist noch nicht aller Tage Abend. Übe weiter, mein Bruder. Übe!« Ein solcher Spieleabend kann bis tief in die Nacht gehen, und Michi muss in der Regel ein paar Stunden später wieder zur Arbeit. Mein Bruder ist auch einer meiner Herzensmenschen. Mittlerweile ebenfalls zweifacher Vater, der stets mit meinen Jungs und mir zusammen war. Michi hat sich sogar die Namen meiner Kinder Aaron und Joshua auf seinen Arm tätowieren lassen. Seinen Lebensunterhalt verdient er schon lange als leitender Mitarbeiter eines großen Supermarkts in Überlingen, der mit E anfängt und mit deka aufhört. Michi liebt auch Musik, wenn auch eine andere als ich. Bei ihm bewegt sich das Spektrum irgendwo zwischen Rock und elektronischer Musik im Stil von Depeche Mode. Er hat selbst mal ein eigenes deutschsprachiges Album gemacht und war mit seiner Band Puls 69 unterwegs. Ich fand die Scheibe richtig gut, aber leider hat der Konsument versagt. Das ist die zynische Standardentschuldigung von Record Labels, wenn eine Platte nicht den gewünschten Erfolg gebracht hat.

Da meine Zeit am Bodensee meistens eher knapp bemessen ist, sehe ich in der Regel noch meinen Vater, und dann bin ich auch schon wieder auf dem Weg zu einem Termin oder Richtung Köln zu meiner Lebensgefährtin Anna. Sie ist einer der wichtigsten Menschen in meinem Leben. Anna ist immer für mich da und unterstützt mich in beruflichen wie privaten Dingen. Bei ihr kann ich abschalten und durchatmen. Es ist ein lustiger Zufall, dass sie ausgerechnet in Köln wohnt, der Stadt, in der sich für mich so viel ereignet hat und in der ich auch extrem gerne bin. Köln ist definitiv meine zweite Heimat. Und das nicht erst, seit ich Anna kenne. In Köln begann indirekt mein Weg in Richtung Bodensee, da meine Oma und mein Opa sich ja hier kennengelernt und nach ihrer Flucht in Überlingen niedergelassen haben. Das betrachte ich allerdings eher als historische Ironie des Schicksals. Köln ist entspannt und cool, eine weltoffene, tolerante und sehr schöne Großstadt, die ihresgleichen sucht. Ganz anders als in Überlingen lebt man hier deutlich anonymer, aber bezogen auf meinen Beruf bin ich hier natürlich mittendrin statt nur dabei. In Köln gibt es Fernsehstudios, jede Menge Filmproduktionsfirmen, Agenten, Manager, Künstler und mit RTL auch einen der großen TV-Sender in Deutschland. Als ich 1995 meine damalige Agentin Ica Souvignier kennenlernte, die in Köln ihr Büro hatte, und ihren Mann Michael, dessen Filmproduktionsfirma ebenfalls in Köln beheimatet war, wurde die Domstadt, die zu dieser Zeit die Fernseh- und Medienstadt Nummer 1 in Deutschland war, in kürzester Zeit zu meinem beruflichen Lebensmittelpunkt. Und auch privat lernte ich in dieser Zeit immer mehr Leute kennen, die mich fest in der Stadt verankerten. 1996 war das Restaurant maca_ronni in Köln der »Place to be«, es gab Livemusik und italienische Küche. Ich selbst habe dort ab und zu auch aus Spaß einen Song zum Besten gegeben. Jede Menge bekannte Gesichter aus Musik,

Film und Fernsehen oder Medien gaben sich im maca_ronni die Klinke in die Hand, das ursprünglich das Restaurant des TV-Moderators Alfred Biolek war. Ob Heiner Lauterbach, Til Schweiger oder Otto Waalkes, um nur einige zu nennen. Sie waren alle da. Hier habe ich Leute kennengelernt, hatte jede Menge Spaß und habe wichtige Weichen für mein Leben gestellt. Zufall? Glück? Fügung? Definitiv war ich im maca_ronni oft im richtigen Moment am richtigen Ort.

In Köln wird nach wie vor viel produziert, auch wenn einige Projekte in den letzten Jahren nach Berlin abgewandert sind. Das hat sich aber über die Jahre ständig verändert und kann sich jeden Tag erneut drehen. Aktuell geht einiges an Produktionen schon wieder von Berlin in Richtung Köln und München. Mir ist das ehrlich gesagt egal. Ich arbeite dort, wo es Arbeit gibt, und ich lebe dort, wo ich mich wohlfühle. Für mich heißt meine Wohlfühlachse Überlingen-Köln, wobei Überlingen ganz klar meine Herzensheimat und Köln meine zweite oder auch Wahlheimat ist. Wenn ich mich irgendwann einmal zwischen beiden Städten entscheiden müsste, würde meine Wahl sicherlich auf Überlingen fallen. Zum Glück steht diese Entscheidung aktuell und voraussichtlich auch langfristig nicht zur Debatte.

Überlingen ist mein Rückzugsort und der Platz, wo der größte Teil meiner Familie lebt. Hier bin ich aufgewachsen, hier sind auch meine Kinder groß geworden. In Überlingen begann alles, was mich zu dem gemacht hat, was ich heute bin. Ich bin der Mensch, der irgendwann auszog, um in der glitzernden Welt zwischen

Schein und Sein etwas zu werden. Mal mit mehr, mal mit weniger Erfolg, aber immer mit Demut und Rückgrat; zwei Dinge, die mir meine Oma eindringlich vermittelt hat.

Wenn ich am See bin, stoppe ich ab und zu an ihrem Grab und halte einen Moment inne. Dann danke ich ihr leise für all das Glück, das ich durch sie erleben durfte. Danke, dass es alles so gekommen ist, wie es ist!

Kapitel 2:

Meine Oma – die Glücksfee meiner Kindheit!

Mit bestimmten Gerüchen verbindet jeder von uns ganz eigene Erinnerungen. Bei mir ist es beispielsweise der Duft von frisch gekochtem Grießbrei mit Zimt. Er versetzt mich für einen Moment zurück an Omas alten Küchentisch, an dem wir so oft gemeinsam saßen; meine Oma, mein Opa, meine Cousins und Cousinen. In diesem Bild stecken für mich Erinnerungen an glückliche Kindheitstage.

Meine Kindheit unterschied sich allerdings maßgeblich von der meiner Freunde. Ich war erst acht Monate alt, als meine Mutter Angelika im Alter von 30 Jahren völlig unerwartet verstarb. Buchstäblich über Nacht wurde ich zum Halbwaisen. Zu diesem Zeitpunkt war ich zum Glück noch so klein, dass ich keine bewusste Erinnerung an diese dunkle Stunde meines jungen Lebens habe. Mein Vater Ante, ein gebürtiger Kroate, war bei Mamas Tod erst 26 Jahre alt. Meine Eltern waren damals noch nicht verheiratet, und mein Vater, der jeden Morgen zur Arbeit musste, konnte mich, den acht Monate alten Jungen, unmöglich betreuen. Für einen Moment sah alles so aus, als würde ich im Kinderheim landen. Das allerdings war für meine Oma keine Option. Sie setzte alles daran, die Vormundschaft für mich zu bekommen, und es war für sie die selbstverständlichste Sache der Welt, dass ich nunmehr ihr neuer Sohn war, zwar natürlich ihr Enkel, aber in dieser speziellen Situation eben auch einfach ihr eigenes Kind. Und genauso behandelte sie mich auch. Oma Hedwig liebte mich aus tiefstem Herzen, sie umsorgte und verwöhnte mich. Als ich damals zu ihr kam, war sie 58 Jahre alt. Ihre Kinder, die drei Schwestern und der Bruder meiner Mutter, waren natürlich längst aus dem Haus. Und jetzt gab es plötzlich mich, den kleinen Prinzen, für den sie alles tat. Sie arbeitete von früh bis spät, um genug Geld zu verdienen, damit wir über die Runden kamen. Meine Oma war für mich immer ein Quell der Wärme und das nicht nur im emotionalen Sinne. Ich erinnere mich zum Beispiel noch sehr gut an unsere kleine Schlafkammer, in der ein Holzofen stand, der aber selten geheizt wurde. Als kleiner Junge durfte ich bei ihr im Bett schlafen, und in den eisigen Winternächten kuschelte ich mich immer ganz dicht an sie und wärmte meine kleinen Füße an ihren.

Meine Oma Hedwig war eine kleine, rundliche Frau, die immer gerne lachte und mit ihrer Fröhlichkeit alle anstecken konnte. Sie hatte dichtes und sogar bis ins hohe Alter noch dunkles Haar und trug stets eine Brille zu ihrer mittelangen welligen Frisur. Natürlich zog sich Oma auch gerne schick an, auch wenn sie nicht viele Kleidungsstücke besaß. Ich erinnere mich noch genau an ihre rote Bluse und ihren Blümchenrock. Wenn sie in der Küche stand, trug sie allerdings stets eine Schürze über ihrer Kleidung. Ein Accessoire, das damals Ende der 1960er-Jahre nahezu jede Hausfrau zierte.

Wenn Oma nicht arbeitete, spielten wir an unserem Esstisch Halma oder Karten. Abends nähte sie meist. Oma hat für die ganze Familie genäht, für alle Tanten, Cousins und Cousinen, aber auch für fremde Leute. Ihr hat das Spaß gemacht, und sie hat so gleichzeitig noch etwas für die Familie dazuverdient. Ich erinnere mich noch genau an ihre uralte Nähmaschine, bei der sie permanent ein Fußpedal treten musste, um sie anzutreiben. Einige Jahre später, 1974, in dem Jahr, in dem Deutschland bei der Heim-WM Fußballweltmeister wurde, bekam sie schließlich eine elektrische Nähmaschine. Nicht, dass diese beiden Dinge irgendetwas miteinander zu tun hätten, aber es waren einfach zwei bedeutende Ereignisse in diesem Jahr.

Obwohl wir damals Ende der 1960er-Jahre nicht viel hatten, habe ich als Kind nichts vermisst. Mit vier oder fünf erfuhr ich langsam immer mehr über meine Mutter Angelika, die 1935 geboren worden war. Meine Oma erzählte mir, dass Mama, die von allen nur Agi genannt wurde, sehr früh heiratete und 1953 mit 18 Jahren bereits zum ersten Mal Mutter wurde. Sieben Jahre später sollte ein Schicksalsschlag das Leben meiner Mutter jedoch von einem Moment auf den anderen völlig verändern. Ihr Mann Reiner kam bei einem Autounfall am Bodensee ums Leben. Ihr Bruder Manfred, der ebenfalls mit im Unfallfahrzeug saß, erlitt schwere Verletzungen. So kam es, dass meine Mutter schon im jungen Alter von 25 Jahren Witwe wurde und mit ihrer kleinen Tochter Sylvette allein dastand. Ein Jahr später lernte Mama meinen Vater Ante kennen. Sie verliebten sich ineinander, und vier Jahre später, am 5. Mai 1965, erblickte schließlich ich das Licht der Welt. Meine Oma erzählte mir, dass es nach all den schweren Zeiten so schien, als würde das Glück wieder ins Leben meiner Mutter zurückkehren. Mama und mein Vater planten voller Vorfreude ihre Hochzeit. Doch dann geschah das Unvorstellbare: Meine Mutter verstarb am 13. Januar 1966 aus heiterem Himmel an einem Herzinfarkt. Später sollte sich herausstellen, dass der Auslöser für den Infarkt eine nicht erkannte Blutvergiftung war, die innerhalb kürzester Zeit zu Mamas Tod führte. Ihr Frauenarzt hatte ihr eine Spirale zur Verhütung eingesetzt, die gerostet war und schwere Entzündungen und damit schließlich die Blutvergiftung verursacht hatte. Drei Tage lang lag Mama mit hohem Fieber zu Hause. Die Familie hatte in den frühen Morgenstunden verzweifelt versucht, einen Arzt zu finden, der ihr helfen konnte. In dieser Januarnacht 1966 schneite es allerdings so stark, dass selbst der Notarzt im Schnee stecken geblieben war. Es dauerte eine Ewigkeit, fast neun Stunden, bis er gegen 14 Uhr endlich eintraf. Zu spät für Mama. Sie starb, kurz bevor er die Wohnung erreichte.

Meine ersten bewussten Erinnerungen an meine Kindheit entstammen ungefähr meinem dritten oder vierten Lebensjahr. Ich erinnere mich daran, dass ich bei meiner Oma im Bett in unserem Zimmer schlief. Es mag etwas seltsam klingen, aber unsere Wohnung in der Turmgasse, in der ich und meine ältere Halbschwester Sylvette unsere Kindheit und Jugend verbrachten, war ja das alte Gefängnis von Überlingen. Für mich war es in erster Linie aber gar kein Gefängnis, sondern einfach unser Zuhause. Ein Wohnzimmer, eine Küche, Opas Zimmer und die kleine Schlafkammer. Es war nicht komfortabel, aber speziell. Wer hat schon vergitterte Fenster? Um auf unser kleines Gässchen schauen zu können, musste ich meinen Kopf durch die Gitterstäbe stecken. Daran erinnere ich mich noch sehr gut. Auch, dass die Toilette außerhalb der Wohnung war. Man musste dafür über den Gefängnishof in ein Nebengebäude laufen. Kalt, gruselig und als Kind eine echte Herausforderung. Meine Oma hatte auch hierfür eine Lösung namens Nachttopf. Nichts, was man mögen musste, aber als kleiner Junge tausendmal besser als dunkle, kalte Gefängnishöfe.

Als ich ungefähr vier Jahre alt war, nahm mich meine Oma immer mit zum Bäcker. Aus heutiger Sicht kann ich sagen, dass die Gasse, durch die wir jeden Morgen spazierten, eine filmkulissenähnliche Atmosphäre verbreitete. Überall standen Weinfässer, und es roch nach Weintrauben. Wenn die Sonne schien, war es einfach perfekt, so empfand ich es als kleiner Junge. Und wenn ich heute dort entlanggehe, kommt mir immer wieder die Erinnerung an diese einfache wie schöne Zeit.

Mit fünf durfte ich allein zum Bäcker gehen. Meine Oma gab mir ein bisschen Geld, und ich kaufte die Brötchen ein. Zum Frühstück bekam ich dann einen Kakao.

Ein guter Kompromiss, aber eigentlich wollte ich unbedingt einmal einen Kaffee probieren. Schließlich tranken Oma und Opa jeden Morgen auch einen. Mit sechs überraschte mich meine Oma dann mit meinem ersten Caro-Kaffee. Malzkaffee, damals ein Genuss, er duftete und schmeckte wunderbar. Ein bisschen Pulver aufgelöst in heißem Wasser und viel Milch. Fertig war die Vorform des Latte Macchiato, den ich heute noch fast täglich gerne trinke. Allerdings ohne Caro-Malzkaffee, dafür mit echten Bohnen und Hafermilch. Mit sechs dachte ich natürlich, dass ich dasselbe wie meine Großeltern trinken würde. Eine Illusion, die mich zu dieser Zeit aber sehr glücklich machte.

Oma weckte mich jeden Morgen um sieben Uhr. Danach gab es Frühstück, und ich machte mich auf den Schulweg. Nach der Schule kamen oft meine Cousins zu uns nach Hause und aßen mit uns zu Mittag. Bei uns war immer was los. Wir hatten zwar nicht viel Geld, aber eine tolle Familie.

Als ich 15 Jahre alt war, haben wir einen Kohlespeicher gegenüber von unserem Schlafzimmer leergeräumt und für mich hergerichtet. Neben der Kohle lagerten dort auch noch ein paar Möbel von Mama. Zu meinem 16. Geburtstag bezog ich mein erstes eigenes Zimmer. Dort gab es zwar keinen Ofen, aber ich stellte mir einen elektrischen Heizlüfter in den Raum. Das Erste, was ich mir später für mein eigenes kleines Reich gekauft habe, war übrigens eine Gesangsanlage. Ein Mikrofon, ein Verstärker mit Mischpult und Boxen. Gesungen habe ich sowieso permanent, aber mit der Anlage fühlte es sich sehr viel professioneller an, und wenn man seine Stimme zusammen mit der Musik aus den Boxen schallen hörte, hatte man das Gefühl, live auf einer Bühne zu stehen. Es war auf jeden Fall ein nicht unwesentliches Mosaiksteinchen auf meinem Weg zu meinem Beruf als Sänger und Schauspieler.

* * *

Weihnachten war bei uns zu Hause immer etwas ganz Besonderes. Man nennt es ja das Fest der Liebe, und das war es bei uns in jeglicher Hinsicht. Die ganze Familie kam zusammen und feierte. Die drei Schwestern und der Bruder meiner Mutter, der seit dem Autounfall eine Behinderung hatte, kamen mit all ihren Kindern. Insgesamt saßen damit an Heiligabend 14 Enkelkinder um den Weihnachtsbaum, den Opa Karl mit mir zusammen geschmückt hatte. Während die Erwachsenen nach dem Essen im Wohnzimmer saßen, mussten wir Kinder in der Küche warten. Wir waren so aufgeregt und voller Vorfreude auf das nahende Christkind und die Geschenke, dass wir es kaum aushalten konnten. Als wir endlich ins Zimmer gerufen wurden, erzählten uns die Erwachsenen, dass das Christkind gerade wieder gegangen sei. Ich war jedes Mal aufs Neue enttäuscht, dass ich das Christkind nicht gesehen hatte. Wie war es nur möglich, dass es so schnell durch die Gitterstäbe verschwunden war? Es musste ein wahrlich sehr schlankes Christkind sein. Gesungen wurde am Heiligen Abend natürlich auch. Mein drei Jahre älterer Cousin Mirko hat mit seiner Schwester Sabine für uns Weihnachtslieder geschmettert. Ich dachte damals bei mir: »Mein Gott, wenn ich nur auch so singen könnte.« Später bin ich zusammen mit Mirko aufgetreten, und letztendlich war ich am Schluss derjenige von uns beiden, der drangeblieben ist, viel geübt und etwas aus seinem Talent gemacht hat.

Meine Oma verwöhnte mich als Kind, wo sie konnte. Manchmal, so glaube ich heute, war der Opa sogar ein bisschen eifersüchtig auf mich. »Der Prinz kriegt alles«, bemerkte er immer mal wieder mit leicht ironischem Unterton, wenn Oma für mich samstags leckere Hefezopfscheiben mit Butter, Nutella und dazu eine Tasse Kakao zubereitete. Opa schaute Oma dann ungläubig nach, wie sie in die Küche lief. »Interessant, alles für den Prinzen! Und was ist mit mir?«, grummelte er ihr hinterher. Sie ignorierte das. Er musste sich schließlich selbst sein Brot machen. Das war nicht böse gemeint, aber Oma arbeitete den ganzen Tag, und es war ja auch nicht so schlimm für Opa, sich selbst ein Brot zu schmieren.

Omas Rente war nicht besonders groß, und mein Vater konnte leider auch nicht viel Geld beisteuern, um mich großzuziehen. Deswegen nahm meine Oma drei Jobs an, um uns über die Runden zu bringen, sie putzte und arbeitete als Haushaltshilfe. Es war sicherlich sehr hart und beschwerlich für sie, aber sie hat sich nicht ein einziges Mal beklagt.

Mir war natürlich früh klar, dass meine Oma nicht meine Mutter war, denn alle meine Freunde und auch meine Cousins hatten junge Mütter, aber ehrlich gesagt hat mich das als kleiner Junge überhaupt nicht interessiert. Oma nahm mich als Kind immer mit zum Friedhof und erzählte mir an Mamas Grab viel über sie. Sie erzählte mir über ihre Träume und was sie alles im Leben vorhatte. Ich weiß noch, wie ich als fünfjähriger Knirps zum ersten Mal gehört habe, dass meine Mutter zum Film wollte. Ich schaute meine Oma dann mit entschlossenem Blick an und sagte: »Eines Tages werde ich zum Film gehen – für Mama!« Damals hat Oma nur gelacht. Sie strich mir liebevoll über den Kopf und seufzte: »Ach, Marko!« Oma erzählte mir, dass sie das Geld für Mamas Ausbildung aber leider nicht habe aufbringen können. »Arm geboren, arm gestorben.« Diesen Satz habe ich nie vergessen.

Oma hatte auf dem Speicher einen alten Schrank von meiner Mutter, in dem ich Fotos und Poster der alten Hollywoodstars wie Marilyn Monroe oder auch Ava Gardner fand. Mit diesem kostbaren Schatz nahm meine Liebe zu den alten Filmen ihren Lauf. Anfang der 70er-Jahre, ich war vielleicht so sieben oder acht Jahre alt, begann ich gemeinsam mit Oma und Opa die alten 50er-Jahre-Streifen im Fernsehen anzuschauen.

Ich war fasziniert von den Filmen mit Marilyn Monroe, Ava Gardner, Zarah Leander, Audrey Hepburn, Cary Grant, Kirk Douglas und Burt Lancaster, um nur ein paar zu nennen. James Dean kam ein paar Jahre später dazu, als ich schon etwas älter war. Was mir zudem unglaublich gefallen hat, waren die alten deutschen Musikfilme, zum Beispiel mit Caterina Valente. Die Frauen in diesen Filmen hatten meist streng frisierte, hochtoupierte oder festgesteckte Haare. Das erinnerte mich natürlich jedes Mal an meine Mutter, die ich von alten Fotos nur so kannte. Eine andere Erinnerung an Mama waren auch die vielen alten Single-Schallplatten, die ich neben einem Plattenspieler in einem alten Musikschrank bei uns zu Hause fand. Auf den meisten stand handschriftlich »Für meine Agi«. Ganz offensichtlich hatte ihr Ehemann ihr immer wieder die neuesten Platten geschenkt. Für mich war es ein ganz besonderes Gefühl, die kleinen Vinylscheiben auf den alten Plattenspieler zu legen. Während ich die Songs anhörte, hielt ich das Cover in der Hand und dachte dabei an meine Mama, wie sie vielleicht genauso hier gesessen und die Musik angehört hatte, die sie so liebte. Ich stellte mir manchmal vor, wie sie im Petticoat mit ihren Schwestern oder Freundinnen tanzen war und Spaß hatte. Meine Mutter war eine bildhübsche junge Frau, die mitten im Leben stand und glücklich gewesen sein musste, auch wenn sie auf manchen Fotos sehr ernst und traurig dreinblickte. Meine Oma erklärte mir dann, dass Mama in jungen Jahren ja schon sehr viel Unglück und Leid erleben musste. Ihr Mann war früh gestorben, und sie hatte die kleine Sylvette, für die sie allein sorgen musste. Ihr größter Traum, einmal zum Film zu gehen, schien ebenfalls in weiter Ferne. Das war auch der Grund, warum sie manchmal melancholisch wurde und dann auch gerne diese traurigen Chansons wie »Ne me quitte pas« von Jaques Brel und Edith Piaf hörte. Manchmal, wenn meine Oma so von Mama erzählte, begann sie zu weinen und fragte sich: »Warum musste sie so früh gehen und nicht ich?« Ich nahm sie dann in den Arm und versuchte sie zu trösten. »Du musst nicht weinen, Oma, dafür hast du ja jetzt mich.«

Natürlich wurde ich oft gefragt, wie es war, ohne Mutter aufzuwachsen. Ich kann dazu nur sagen, dass meine Oma für mich wie eine Mutter war. Ich hatte ja keinen Vergleich, und ich habe nichts vermisst. Warum auch? Für mich war es meine Oma, die ich über alles liebte. Sie war immer für mich da. Ich saß auf ihrem Schoß, sie tröstete mich, wenn ich traurig war, sie hat mir die Haare gekämmt, mir die Zähne geputzt und die Schuhe gebunden. Sie saß an meinem Bett, wenn ich krank war. Ich war einfach ihr Junge. Die anderen hatten ihre Mamas, ich hatte meine Oma – und Oma war die Beste!

Ich habe ihre ganze Aufmerksamkeit gefordert und ihr all meine Liebe geschenkt. Sie sorgte für mich, als wäre ich ihr eigenes Kind. Ich war ihr Heiligtum. Natürlich hat sie auch ihre anderen Enkel geliebt. Aber mich nannte sie immer »mein Goldjunge«. Die anderen Enkelkinder waren darauf immer mal wieder ein bisschen eifersüchtig, eigentlich vor allem an Weihnachten. Sie fanden, ich würde viel mehr Geschenke von Oma bekommen als sie. Meistens war es nur ein kleines Geschenk mehr. Was sie dabei allerdings vergaßen, war, dass sie von ihren Eltern ja schon reich beschenkt worden waren. Ich dagegen bekam meine Geschenke ausschließlich von Oma und Opa und natürlich eine Kleinigkeit von meinem Vater, der ja aber auch nicht so viel Geld hatte, um mir große Überraschungen bereiten zu können. Als kleiner Junge war das manchmal schon schwer für mich, wenn ich sah, wie für mich nur ein kleines Päckchen unter dem Christbaum lag. Zum Spielzeugauto bekam ich dann vielleicht noch ein Paar Handschuhe. Aber mal ganz ehrlich: Was fängt man als kleiner Junge an Heiligabend mit Handschuhen an? Mit jedem Jahr, das ich älter wurde, verstand ich aber immer besser, was meine Oma leistete und wie viel Anstrengung und Liebe es brauchte, unsere kleine Familie zu versorgen und mir das Gefühl zu geben, dass es mir an nichts fehlte. Irgendwann war es mir auch völlig egal, ob die anderen Kinder zum Beispiel ein neues Rennradmodell vor die Tür gestellt bekamen und ich dafür ihr altes erhielt, das sie nicht mehr brauchten. Meiner Oma tat das immer furchtbar leid, weil sie mir so gerne auch neue, tolle Sachen geschenkt hätte, aber wir hatten einfach das Geld nicht. »Oma, das ist doch nicht schlimm. Irgendwann, wenn ich genug verdiene, bekommst du alles zurück!« Leider kam es nicht mehr dazu. Sie hat meine ersten Erfolge zwar noch mitbekommen, aber zu diesem Zeitpunkt habe ich noch nicht so viel verdient, dass ich ihr das hätte ermöglichen können, was ich immer wollte. Ich hätte sie einfach mal gerne ins Flugzeug gepackt und auf einen großen Auftritt oder eine schöne Reise in ein tolles Hotel mitgenommen. Oma ist nie geflogen, sie hat das alles leider nicht mehr erleben dürfen. Unser Alltag war damals sehr bescheiden, an Reisen war überhaupt nicht zu denken. Aber auch in unserer kleinen Welt gab es Fenster, durch die ich einen Blick in ein anderes, ein luxuriöseres Dasein werfen konnte. So erinnere ich mich zum Beispiel, dass ich als neunjähriger Junge auf dem Heimweg von der Schule meine Oma immer bei einer Unternehmerfamilie mit herrschaftlichem Anwesen abholte, bei der sie vormittags als Haushaltshilfe arbeitete. »Oma, ich bin schon da«, rief ich ihr zu und lief ihr entgegen. Dieses Anwesen war wie aus einem Film. Man ging zuerst durch ein Tor, hinter dem hohen Zaun befand sich ein riesiger Garten. Im Haus führte eine breite Holztür in einen Saal, es gab eine große Küche, ein gemütliches Esszimmer. Das Wohnzimmer mit einer Glasfront ging nach hinten in den paradiesischen Garten mit einem alten Baumbestand. Das Familienoberhaupt war ein passionierter Jäger, überall im Haus hingen seine Jagdtrophäen. Das Anwesen war einerseits beeindruckend, andererseits aber auch beängstigend. Oma sagte immer: »Nichts anfassen, Marko. Mach bloß nichts kaputt.« Während ich auf meine Oma wartete, habe ich meist am Geländer der Marmortreppe gespielt. Auf den Stäben waren so eine Art kleine Tellerchen, die sich bewegen ließen, die habe ich immer hochgeschoben und ließ sie dann wieder herunterfallen. Manchmal musste ich noch 20 Minuten warten, bis Oma das Mittagessen für die Familie gekocht hatte und wir gehen konnten.

Nach zwei Kilometern Fußmarsch kamen wir schließlich zu Hause an. Oma kochte dann schnell für uns. So lange war ich schon mal draußen in der Gasse und habe mit meinen Freunden und Cousins Fußball gespielt oder einfach gegen die Wand geballert. Die Nachbarn fanden das komischerweise nicht immer so toll und haben dann in übersichtlich freundlichem Badisch aus dem Fenster gebrüllt, dass wir der Mittagsruhe etwas mehr

Bedeutung zumessen sollten. Wenn Sie wissen, was ich meine.

Mit meinen Cousins, die öfter bei uns zum Mittagessen waren, bin ich danach direkt zu Spielplatz gerannt, wo wir bis zum späten Nachmittag weitergekickt haben. Die Hausaufgaben mussten bis zum Abend warten. Man muss eben Prioritäten setzen, und die hießen zu dieser Zeit für mich ganz klar: Fußball!

Ab und zu hatte Oma über Mittag eine Freundin zu Besuch auf einen schnellen Kaffee, bevor sie am Nachmittag in die Konditorei ging und dort weiterarbeitete. Wenn sie abends von der Arbeit zurückkam, kochte sie gelegentlich für meine Cousins und mich unser aller Lieblingsspeise: Grießbrei mit Zimt und Zucker! Wir konnten es kaum erwarten, bis es fertig war. Allein schon der Geruch war unschlagbar! Wir alle liebten diesen Moment. So einfach kann man kleine Jungs manchmal sehr glücklich machen.

***

Irgendwann hörte Oma auf, in der Konditorei zu arbeiten. Sie hatte dann ein bisschen mehr Zeit und lud gerne mal ihre Freundinnen nachmittags gegen vier Uhr zu Kaffee und Kuchen ein. Die Damenrunde saß dann gut gelaunt in der Küche beim Kaffeekränzchen. Sie lachten und erzählten sich die neuesten Gerüchte und Geschichten.

Ich erinnere mich in diesem Zusammenhang noch gut daran, dass, als ich zwölf Jahre alt war, bei uns in der

Küche eine Badewanne eingebaut wurde. Ich liebte es. Endlich hatten wir unsere eigene Badewanne! Ein Sichtschutz in Form eines Vorhangs trennte die Wanne vom restlichen Raum. So weit, so gut. Allerdings, was nützen die beste Badewanne und der beste Vorhang, wenn du samstagnachmittags vom Fußball nach Hause kommst, dich entspannt in die Wanne legst und wenig später Omas ganze Freundinnen zum Kaffeeklatsch anrücken? Peinlich, peinlich! Ich saß also einmal geräusch- wie regungslos in der Wanne und versuchte Oma vorsichtig ein Zeichen zu geben, dass ich hinterm Vorhang auch anwesend war. Doch irgendwie bemerkte mich Oma nicht, und die Frauen waren so in ihre Gespräche vertieft, dass sie quatschen und quatschen und quatschten. Der Rest ist Physik! Das Wasser wurde immer kälter, und Schaum gab es schon lange keinen mehr. Verstohlen schob ich nach einer gefühlten Ewigkeit den Vorhang zur Seite und schaute um die Ecke. Die Chance, dass Omas Damentreff in absehbarer Zeit enden würde, ging hart gegen null. Also gab es nur eine Möglichkeit: die Flucht nach vorne. Ich sprang aus der Wanne und flüchtete hurtig aus der Küche, mein nackter Hintern war das Letzte, was die Damen von mir an dem Tag zu Gesicht bekamen. Heute kann ich darüber lachen, damals fand ich es übersichtlich lustig.

Die Badewanne war unser kleiner Luxus. Wenn meine Cousins und Cousinen bei uns waren, badeten wir alle nacheinander im selben Wasser. Damals war das in vielen Familien ganz normal. Als ich 13 Jahre alt war, wurden bei uns auch noch eine Dusche und eine Toilette eingebaut, sodass wir nicht mehr die Wohnung verlassen und über den Gefängnishof laufen mussten. Nach und nach wurde die Wohnung immer komfortabler. Aber komfortabel oder nicht, ich habe mich immer wohlgefühlt in unserem kleinen Reich, unserer Familie. Klar, manche meiner Mitschüler wohnten in großen Häusern direkt am Bodensee und spielten Tennis in einem feinen Club. Aber ganz ehrlich, bei den reicheren Leuten zu Hause habe ich mich damals nicht wirklich wohlgefühlt. Es war einfach eine andere Welt, steifer und von viel mehr Regeln geprägt. Wenn ich einen Schulkameraden aus besserem Haus besuchte, musste man immer die Schuhe ausziehen. Zugegebenermaßen musste man das bei uns zu Hause auch. Nur da brauchte ich mich für die Löcher in meinen Socken nicht schämen. Außerdem durfte man in den feinen Häusern nichts berühren, es war ja alles teuer und könnte kaputtgehen. Auch wie sie am Tisch saßen und ganz kühl und distanziert miteinander redeten, war sehr viel anders, als ich es kannte. Bei uns zu Hause war es zwar einfach, aber es war herzlich und ganz und gar nicht kühl. Bei Oma und Opa war jeder willkommen. Es gab immer einen Kaffee oder einen Saft, es wurde geredet und gelacht. Es herrschte einfach eine Atmosphäre, in der sich die Menschen wohlfühlten. In diesem Zusammenhang lernte ich auch zu schätzen, dass meine Oma zwar viel arbeitete, aber immer für mich da war und mir ein offenes Ohr und ihre ganze Liebe schenkte. Und war sie mal ein paar Stunden außer Haus, merkte ich das gar nicht so sehr, da bei uns zu Hause immer etwas los war und ich nie allein. Ganz anders als bei vielen meiner wohlhabenden Freunde, bei denen beide Elternteile berufstätig waren. Der Vater war eigentlich nie zu Hause und immer bei der Arbeit. Die Mütter versuchten die Balance zwischen Karriere und Familie herzustellen, was selten funktioniert hat. Zuerst dachte ich immer, die sind reich, die müssen glücklich sein. Weit gefehlt. Wir waren arm, aber alle füreinander da. Ja, ich würde sagen, wir waren glücklich.

Auch mein Vater war immer für mich da, von klein auf. Er wohnte zwar nicht bei uns, aber keine hundert Meter entfernt. Morgens war er oft schon um sieben Uhr bei uns und hat einen Kaffee getrunken, bevor er zur Arbeit in die Autowerkstatt fuhr. Abends musste ich nur vor unsere Haustüre gehen und schauen, ob sein Auto dastand. Dann wusste ich, ob er zu Hause war. Ich bin dann meist schnell zu ihm hinübergelaufen. Manchmal haben wir auch miteinander gegessen; gemeinsam aus einer Pfanne, wie es sich für einen Männerhaushalt gehört. Ich liebte es, mit ihm Auto zu fahren, schon seit ich ein kleiner Junge war. Manchmal hat er mich mitgenommen, wenn er seinen Freund in München besuchte. Während der Fahrt hielt er meine Hand immer ganz fest. Sicherheitsgurte gab es in den 1970ern nur in wenigen Fahrzeugen, sie waren damals noch nicht so weit verbreitet. Und auch wenn ich nicht bei ihm lebte, mein Vater gab mir in jeglicher Hinsicht Sicherheit. Schon seine Aura und sein männlicher Körpergeruch sorgten dafür, dass ich mich geborgen fühlte, wenn er in der Nähe war. Papa wusste auch, womit man den kleinen Marko zum Strahlen bringen konnte. Er hatte immer ein paar bunte Plastikfußbälle im Auto, wenn er mit mir was unternahm. Auch wenn er kein Fußballer war, konnte er die Dinger so hoch schießen wie niemand anderes auf der ganzen Welt. Das war auf jeden Fall damals mein Eindruck. Ich liebte es und versuchte es natürlich nachzumachen, auch wenn das als halber Meter noch nicht ganz so gut funktionierte.

Mein Vater war Oma Hedwig unendlich dankbar, dass sie sich so liebevoll um mich kümmerte und mich zu einem guten Jungen erzog. Sie hat mein Leben in vielerlei Hinsicht geprägt und mir viele gute Ratschläge mit auf den Weg gegeben. »Hör auf deinen Bauch, mein Junge«, war ein elementarer Satz, der mich mein ganzes Leben begleitete und dem ich viele richtige Entscheidungen verdanke. Ein anderer, nicht minder wichtiger Leitsatz meiner Oma war: »Mit keinem Geld der Welt kann man die Wahrheit kaufen.« Was sie damit meinte, war, dass man sich mit dem entsprechenden Kapital nahezu alle materiellen Wünsche erfüllen kann, aber Geld dich nicht davor schützen wird, dass dich falsche Freunde umgeben oder du eine Frau heiratest, die unter Umständen nur deinen Status und deinen Reichtum, aber nicht dich als Menschen liebt. Es gibt eben nur die eine Wahrheit im Leben: »Du kannst alle belügen, aber niemals dich selbst.« Ich habe das stets beherzigt und die Dinge im Leben immer wieder hinterfragt. Danke, Oma! Danke auch dafür, dass ich von dir gelernt habe, dass das kleine Glück das große Glück sein kann. Das hast du mir von klein auf vermittelt und mir jeden Tag vorgelebt.

Meine Oma konnte sich trotz ihrer ganzen Arbeit wunderbar an den kleinen Dingen des Lebens erfreuen. Ich sehe sie noch immer bei einer Tasse Kaffee und einem Stückchen Hefezopf mit ihren Freundinnen in unserer Küche sitzen. An diesen Nachmittagen lachte sie, ihre Augen leuchteten, und sie strahlte eine unendliche Zufriedenheit aus. Meine Oma, die den Krieg miterlebt hat und immer hart kämpfen musste, schien mir in diesen Momenten die glücklichste Frau der Welt zu sein.

Manchmal hatte meine Oma mit mir aber schon auch ihr Päckchen zu tragen, und es gab nicht nur den lieben Marko. Natürlich war ich auch ein Frechdachs, der wie alle Kinder versuchte, seine Grenzen auszutesten. Abends zeigte sich auch mal der krawalligere Marko. Das vor allem, wenn ich noch nicht müde war und ins Bett sollte. Ich kämpfte um jede Minute, die ich wach bleiben durfte, und beliebt waren in diesem Zusammenhang auch die für uns Kinder legendären Kissenschlachten mit meinen Cousins. Meine Oma mochte diese Art von Abendunterhaltung allerdings überhaupt nicht und bahnte sich, mit einem Stock bewaffnet, den Weg ins obere Zimmer. Wir wussten, dass es jetzt gleich umgangssprachlich »den Popo voll gab«, hatten aber wohlweislich schon mal die Kissen als Schutzschild in unsere Schlafanzughosen gesteckt. Erwischt hat sie uns selten, weil wir einerseits flink auswichen und die Drohgebärde natürlich schon reichte, um uns schließlich ruhig zu kriegen.

Dramatischere Szenen spielten sich allerdings beim Thema Friseur ab, denn meine Haare waren mir zugegebenermaßen heilig. »Ich will nicht, ich lasse meine Haare nicht abschneiden«, protestierte ich wütend. Oma nannte mich deshalb »Zornteufel«. Als kleiner Junge hatte ich eine lange blonde Mähne, auf die ich mächtig stolz war. Davon, dass ich ein bisschen wie Brian Conolly von der Band »The Sweet« aussah, ließ sich Oma aber nicht beeindrucken. Regelmäßig zerrte sie mich gegen all meine Widerstände zum Friseur. Die Prozedur war ein Albtraum für mich und ganz sicher auch für meine Oma.

Wenn ich besonders zornig war, sperrte Oma mich für eine kurze Zeit in die dunkle Vorratskammer im Keller mit den hohen Wänden. Es war wie ein Verlies. Da wurden nicht nur die Marmeladengläser aufbewahrt, sondern es gab tatsächlich auch Ratten. »Ich lasse dich erst wieder raus, wenn du lieb bist«, sagte sie entschlossen und drehte einfach den Schlüssel zur Kammer um. Mehr als zwei Minuten ließ sie mich aber nicht drin. Ziemlich kleinlaut rief ich dann: »Oma, ich bin lieb, ich bin lieb!«, und schon war ich wieder frei.

Ja, meine liebe Oma konnte schon manchmal auch fuchsteufelswild werden. Das passierte meistens dann, wenn ich meine Hausaufgaben nicht machen wollte und stattdessen lieber Fußball spielte oder mir irgendwelche Streiche ausdachte. Ganz ehrlich: Ich war definitiv ein richtiger Lausbub, und mit meinen blonden Haaren sah ich sogar ein bisschen so aus wie der berühmte Kinderbuchheld »Michel aus Lönneberga«, der auch immer irgendwelchen Quatsch im Kopf hatte.

Während andere Kinder für ihre Mütter gerne mal etwas gemalt oder gebastelt haben, war ich handwerklich ziemlich unbegabt. Dafür bekam Oma immer wieder Küsschen von mir. Später, als ich schon etwas älter war, schenkte ich ihr ab und zu Eier- oder Kirschlikör. Das mochte sie sehr gerne. Sie hat weder geraucht noch getrunken, aber ihren Likör, den liebte sie! »Der ist gut für meinen Blutdruck«, erklärte sie mir. Und wenn sie davon getrunken hatte, hatte ich immer das Gefühl, dass sie schöne rote Bäckchen bekam.

Sie versteckte den Alkohol, damit wir Kinder ihn nicht fanden, hinter dem Ölofen in meinem Zimmer. Meine älteren Cousins wussten das aber natürlich, und wenn Oma nicht da war, haben sie gerne mal an der Kirschlikörflasche genippt. Auch der Eierlikör hat ihnen offenbar ganz gut geschmeckt. Mit dem Ergebnis, dass sich die Flaschen ziemlich schnell leerten.

Eines Tages kam Oma ganz aufgeregt zu mir und fragte mich mit ernster Miene: »Mein Junge, trinkst du heimlich?« Ich war entsetzt, schließlich war ich erst zwölf! Natürlich habe ich alles abgestritten, weil ich es ja auch nicht war. Meine Cousins haben sich totgelacht, aber mich hat es aufgeregt, dass ich fälschlicherweise des unerlaubten Alkoholkonsums beschuldigt wurde. Die Flaschen wurden zukünftig dann natürlich woanders versteckt.

Oma war schlau und hat mir als Jugendlichem auch gerne mal die eine oder andere Falle gestellt, um zu sehen, wie spät ich nach Hause komme. Damit sie nicht wach wurde, wenn ich zurückkam, machte ich kein Licht an und schlich im Dunkeln die steile Holztreppe nach oben. Deshalb stellte sie Schuhe auf die einzelnen

Treppenstufen, die ich nicht sehen konnte und die bei der geringsten Berührung natürlich lautstark nach unten polterten. Mist! Und schon stand sie urplötzlich wie eine Geistererscheinung im Nachthemd vor mir und rief: »So spät kommst du nach Hause, du Saukerle, schämst du dich nicht?«

Meine Cousins und ich dachten uns immer wieder neue Streiche aus. Im Treppenhaus hingen ein paar Bilder, die Oma gefielen. Eines Abends, als Oma schon im Bett war, hängten wir alle Bilder schräg auf. Nicht gerade der kreativste Streich, aber er hatte seinen Effekt. Am nächsten Morgen kam Oma irritiert zu mir und meinte: »Junge, ich glaube, wir hatten letzte Nacht ein Erdbeben. Die ganzen Bilder hängen schief.« Ich musste mir das Lachen verkneifen und beruhigte sie: »Nein, Oma, es gab kein Erdbeben.« Ich gestand ihr dann, dass wir die Übeltäter waren. Oma schimpfte wie ein Rohrspatz, aber wirklich böse war sie uns nie.

* * *

Bis zu meinem 18. Lebensjahr im Mai 1983 verlief unser Familienleben ohne weitere größere Katastrophen. Im Herbst feierten meine Großeltern ein großes Fest zu ihrer Goldenen Hochzeit, bei dem die ganze Familie zusammenkam.

Im Dezember wurden wir dann, wie ein Blitz aus heiterem Himmel, von einem schweren Schicksalsschlag getroffen. Mein geliebter Opa starb völlig unerwartet mit 76 Jahren. Eigentlich ging es ihm bis zu dem Zeitpunkt gut. Allein ein Zeh, der öfter rot anlief und sich im Winter blau verfärbte, bereitete ihm manchmal Schmerzen. Der Arzt vermutete eine Durchblutungsstörung und riet Opa, sich den Zeh amputieren zu lassen. Das sei keine große Sache, und in weniger als zehn Tagen werde er die Klinik wieder verlassen und schmerzfrei laufen können. Was bei der Operation schiefging, wissen wir bis heute nicht. Angeblich traten Komplikationen auf, und statt nur den Zeh zu amputieren, nahm man ihm den ganzen Fuß bis zum Knöchel ab. Opa stand unter Schock und war verzweifelt, als man ihm eröffnete, dass er eine Fußprothese bekommen sollte. Ich war zunächst ebenfalls geschockt, ihn so traurig zu sehen, aber irgendwie hatte ich den Eindruck, alles würde wieder in Ordnung kommen. Zwar mit Prothese, aber die Einschränkungen würden sich in Grenzen halten. Doch der Albtraum nahm seinen Lauf. Sein Zustand verschlechterte sich weiter rapide, und schließlich beschlossen die Ärzte, ihm das ganze Bein abzunehmen. Als er nach der OP aus der Narkose aufwachte, konnten wir kurz mit ihm sprechen. Beim Verlassen des Krankenhauses ahnten wir nicht im Geringsten, dass es ein Abschied für immer sein sollte. Durch die vielen Medikamente, die man ihm gab, war er in den folgenden beiden Tagen in einer Art Dämmerzustand. Drei Tage später bekam Opa einen Darmverschluss und starb. Das ganze Drama spielte sich innerhalb von zehn Tagen ab. Opa ging als eigentlich gesunder Mann wegen einer vermeintlichen Lappalie ins Krankenhaus und kam nicht mehr lebend heraus.

Sein plötzlicher Tod erschütterte uns in den Grundfesten. Wir machten uns große Vorwürfe, hatten wir Opa doch darin bestärkt, sich operieren zu lassen. Aber all die Selbstvorwürfe und schlaflosen Nächte brachten uns Opa nicht mehr zurück. »Jetzt sind wir allein«, sagte ich traurig zu Oma. Wir trösteten uns gegenseitig, hielten uns aneinander fest. So sehr ich auch meinen Opa vermisste und um ihn trauerte, war es für mich nun die wichtigste Aufgabe, mich um Oma zu kümmern. Gemeinsam mit ihren eigenen Kindern versuchte ich alles, um sie von ihrem Schmerz und ihrem Kummer abzulenken.

Es war eine fürchterlich traurige Zeit. Weihnachten stand vor der Tür, das erste Weihnachten ohne Opa. Das erste Mal, dass ich den Baum ohne ihn schmückte. Opa fehlte überall, und für Oma war es mit ihren 76 Jahren das erste Mal, dass sie ganz allein auf sich gestellt war. Auch wenn es schwerfiel, das Leben musste weitergehen.

***

Heute sehe ich es so, dass ich in meinem bisherigen Leben oft Glück im Unglück hatte. Das hat sich in vielen Bereichen fortgesetzt. Obwohl mein Leben mit dem Unglück begann, dass meine Mutter so früh starb, hatte ich das große Glück, eine so wundervolle Großmutter zu haben, die mich über alles geliebt hat und die, auch wenn sie mittlerweile leider nicht mehr lebt, mein Leben bis heute bereichert. Ich habe ihr zum Dank ein Lied gewidmet. Es heißt »Mein Star«, denn das ist meine Oma noch immer für mich. Sie ist der Stern in meinem Herzen, und da, wo sie jetzt ist, wird ihr das Lied sicher ein Lächeln auf die Lippen zaubern. Mit fröhlicher Stimme höre ich sie sagen: »Marko, mein Goldjunge.«

Kapitel 3:

Meine Musik, meine Leidenschaft – und wie ich für meinen großen Traum kämpfte

Wissen Sie, wie das ist, wenn man als kleines Kind vor dem Spiegel steht, mit einer Bürste in der Hand, und Elvis-Songs imitiert? Nein? Schade. Ich weiß es genau, weil ich schon als Junge nichts anderes wollte, als auf der Bühne zu stehen. Ich liebte es, die Musik aufzudrehen und mich hineinzuträumen in eine ferne, aufregende Welt, in das Idol, das so unerreichbar schien. Einen Spiegel hatte ich zwar ehrlich gesagt nicht. Und eine Bürste? Na gut, auch nicht. Gegenstände sind überbewertet, manchmal muss einfach die geballte Faust reichen.

Der Wunsch, Musik zu machen und Schauspieler zu werden, war von Kindesbeinen an in jeder Sekunde meines Lebens allgegenwärtig und konnte auch nicht durch die Bedenken meines Vaters erschüttert werden. Er mahnte nicht nur einmal, dass ich als hungerleidender Künstler enden werde, wenn ich nicht zumindest einen »anständigen« Beruf erlernen würde. Ehrlich gesagt waren seine Worte direkter und in manchen Facetten eindringlicher. Eindringlich genug, um mich davon zu überzeugen, dass ich schließlich nach der Schule eine Lehre zum Kfz-Mechaniker begann und, um es vorwegzunehmen, auch im Alter von 18 Jahren mit dem Gesellenbrief beendete. Ich tat es irgendwie für ihn. Für mich stand allerdings von Anfang an fest, dass ich diesen Beruf niemals ausüben werde. Es war einfach überhaupt nicht mein Ding, an Autos herumzuschrauben. Klar hätte ich auch eine andere Lehre machen können, aber erstens war mein Vater Automechaniker und besorgte mir die Lehrstelle, und zweitens: Alles andere hätte mich genauso wenig interessiert, wie im grünen Mechaniker-Overall an einem Opel Kadett die Bremsen zu wechseln. Wobei, ich glaube, das habe ich nie gemacht. Und wenn, dann erinnere ich mich nicht mehr. Die Welt kann auf jeden Fall froh sein, dass ich zu dieser Zeit meiner Leidenschaft Musik gefolgt bin und nicht am laufenden Band mangelhaft reparierte und deswegen liegen gebliebene Fahrzeuge als Hindernisse für den deutschen Straßenverkehr produziert habe.

Musik war das, was mir wirklich etwas bedeutete, aber meine Heimat Überlingen, diese wunderschöne wie idyllische Stadt am Bodensee, war nicht wirklich dafür bekannt, als fruchtbarer Nährboden zur Entwicklung von Showstars à la Hollywood zu taugen. Doch es sind eben nicht Orte, sondern Menschen, die etwas bewegen. Und manchmal sind es einfach diese kleinen Zufälle oder Fügungen im Leben, die einem die Tür zum nächsten wichtigen Schritt eröffnen. Meine Türöffner zu dieser Zeit hießen: Hermann Stengele und Michael Jeckel.

Hermann Stengele war Vorstand der Sparkasse Überlingen. Daher kannte ich ihn allerdings nicht, da Geld bei uns zu Hause nur deshalb ein Thema war, weil wir nicht viel davon hatten. Was Hermann und mich aber schon einige Zeit verband, war unsere gemeinsame Leidenschaft, die Musik. Hermann war der Bandleader der Sparkassen Big Band und kaufte seinerzeit schon immer die Noten der Arrangements bei Günther Norris, dem Orchesterchef der Big Band der Bundeswehr. Er liebte den Big-Band-Sound der 40er-, 50er- und 60er-Jahre genauso wie ich. Im Übrigen war es Anfang der 1980er-Jahre schon ziemlich außergewöhnlich, dass ein junger Mann wie ich auf diese Art von Musik stand. Es war schließlich die Geburtsstunde großer Hits von Michael Jackson, Phil Collins, ABBA und all den anderen unzähligen Stars, die in dieser Zeit die Charts dominierten. Zweifellos coole Musik, aber ich liebte Big Band, diese Kombination aus Revue, Show, Gesang, Sketchen ebenso wie die dazugehörigen Filme. Ich liebte Elvis genauso wie Dean Martin, Bing Crosby oder natürlich auch Frank Sinatra. Ich liebe sie immer noch. Sie sind meine Helden, und die Art des damaligen Entertainments ist nach wie vor meine Leidenschaft. Hermann Stengele kannte mich schon, seit ich 15 war, von den Auftritten mit meinem Cousin Mirko in der Musikbar »Dingsbums«. Das »Dingsbums« hatte eine Bühne mit einem Flügel und war direkt bei uns in der Gasse, also ideal, um dort ab und zu mal aufzutreten und ein bisschen Spaß zu haben. Hermann wollte mich damals direkt für seine Big Band verpflichten. Ein paar Jahre später hat es dann geklappt, und er gab mir die Chance, Leadsänger der Sparkassen Big Band in Überlingen zu werden. Zu der Zeit hatte ich bereits einen Förderer namens Michael Jeckel. Micha, wie ihn alle nannten, war Geschäftsmann und kannte daher Hermann Stengele schon rein beruflich sehr gut. Micha kannte aber auch mich seit vielen Jahren, war er doch schon mein Karatelehrer, als ich gerade einmal zehn war. Ihm war auch nicht entgangen, dass ich mit meinem Cousin ab und an einen kleinen Auftritt im »Dingsbums« veranstaltete. Am Tag nach einer dieser Shows fuhr er zufällig mit seinem Mercedes auf der Straße an mir vorbei, hielt an und ließ die Scheibe herunter: »Hey, Marko, ich hab dich gestern gesehen. Mit dem Scheiß, den du da machst, kann man Kohle verdienen.« Micha kannte sich irgendwie aus, mit Kohle sowieso. Er hatte schon seit Studienzeiten eine Traditionskneipe in Überlingen, und in Hamburg betrieb er eine Zeit lang die »Rampe«, den einstigen »Star Club«, in dem früher schon die Beatles in ihren Anfangsjahren aufgetreten waren. Er meinte, wir sollten uns vielleicht mal über einen Managementvertrag unterhalten. Das haben wir dann auch gemacht. Er bot mir an, mich finanziell bei meiner Musikkarriere zu unterstützen und die Kosten für meine musikalische Entwicklung zu übernehmen. Im Gegenzug dafür verlangte er eine Beteiligung von 30 Prozent an den zu erwartenden Einnahmen. Ich hatte zugegebenermaßen von Verträgen so viel Ahnung wie eine Kuh vom Steppen. Ich besprach mich also mit Herrmann Stengele. Dieser riet mir einfach nur: »Marko, wenn er dich finanziert, dann mache das, du brauchst das Geld.« Meine Oma, die wichtigste Person in meinem Leben, die natürlich keine Geschäftsfrau war, mahnte zur Vorsicht, aber sie fand die Idee grundsätzlich nicht falsch. In meiner damaligen Situation hätte ich wahrscheinlich mangels Alternativen alles unterschrieben, was mich weiterbrachte. Schließlich bezahlte Micha auch die Noten für die Arrangements, die Hermann Stengele bei Günther Norris für mich in Auftrag gab. Für einen Moment fühlte ich mich wie in einem Film. Ich hatte mit Michael Jeckel urplötzlich einen Manager, der sich um meine Angelegenheiten kümmern würde. Marke: kantiger Typ, Schnauzer, Zigarillo, lässiges Auftreten. Manchmal verglich ich ihn mit Boris Beckers Ex-Manager Ion Tiriac.

Außerhalb der Musik hatte ich als Jugendlicher noch eine zweite große Leidenschaft: den Sport. Ich trainierte nahezu täglich im einzigen Fitnessstudio der Gegend in Nussdorf, einem Nachbarort von Überlingen. Nachdem ich meine Ausbildung zum Kfz-Mechaniker abgeschlossen hatte, arbeitete ich dort auch als Trainer. Oder sagen wir eher als Mädchen für alles. Ich habe Verträge gemacht, den Kunden die Geräte erklärt und mit ihnen trainiert. Eines Tages traf ich dort zufällig eine Dame, die mir beim Training zusah. Eine meiner Besonderheiten war mein Spagat, der mir auch später immer wieder eine gewisse Bewunderung einbrachte. Bei Männern führte der Anblick oft eher zu einem unwohligen Kribbeln in der unteren Mitte, habe ich mir sagen lassen. Der Dame allerdings hat es gefallen, und so kamen wir ins Gespräch. Als ich ihr erzählte, dass ich zwar im Moment als Fitnesstrainer tätig sei, aber beruflich eigentlich viel lieber etwas mit Musik und Film machen möchte, wurde sie hellhörig und bot mir an, einen Kontakt zum Theater »Dreiländereck« in Basel herzustellen, da sie dort arbeitete. Ich fand das sensationell, aber ehrlich gesagt überwog in mir die Skepsis, ob sie es ernst meinte, da ja manche Dinge in der Euphorie des Moments schnell dahergesagt sind, aber von den meisten Ankündigungen letztendlich selten etwas eintrifft.

Doch das Glück schien auf meiner Seite. Die Dame hielt ihr Versprechen und stellte mich einem Produzenten vor, der für 1984 eine Tournee mit dem Stück »Die Feuerzangenbowle« plante. Für die Hauptrolle hatte Bernd Herzsprung zugesagt, der damals durch die TV-Serie »Soko 5113« im deutschsprachigen Raum sehr bekannt war. Mir versprach der Produzent die Rolle des Großmauls Rosen. Einzige Bedingung: Da ich weder Schauspieler noch in irgendeiner Form bekannt war, sollte ich die Bühne mit auf- und abbauen. Dafür gab es noch ein paar Mark extra. Jackpot! Mehr hätte ich in meinen kühnsten Träumen nicht erwarten können. Wir tourten also kreuz und quer durch die ganze Republik. Show, Übernachtung, rein in den LKW zum nächsten Veranstaltungsort, Kulisse aufbauen, und abends gab ich dann den Rosen. Meinem Kollegen, dem LKW-Fahrer, war dabei nicht verborgen geblieben, dass mein Talent mehr auf der Bühne, weniger im handwerklichen Bereich lag. Aber wo ein Wille ist, ist auch ein Deal. Ich gab ihm pro Show 50 Mark von meiner Gage ab, und er baute die Kulisse von diesem Tag an allein ab. Mir gab das die

Möglichkeit, nicht mehr im LKW, sondern zusammen mit Bernd Herzsprung in die nächste Stadt weiterzureisen. Das war eine wirklich coole Zeit. Wir hatten viel Spaß, machten tagsüber gemeinsam Sport, und abends standen wir Seite an Seite auf der Bühne.

Das Geld, das ich mit der Tournee verdiente, steckte ich schließlich in meine Schauspielausbildung. Ich schrieb mich 1984/1985 in einer staatlich anerkannten Schauspielschule in Freiburg ein und war dort witzigerweise mit meinen 21 Jahren der Jüngste. Meine Kommilitonen waren zu diesem Zeitpunkt schon eher gegen Ende 20. Lehrjahre sind bekanntermaßen keine Herrenjahre, und genau das sollte sich recht schnell in meinem Geldbeutel bemerkbar machen. Schulgeld, eine Wohnung und mein Auto rissen große Löcher in mein nicht vorhandenes Budget, was dazu führte, dass der Kühlschrank meistens leer blieb. Ich hatte zwar von der Tournee etwas beiseitegelegt und bekam zudem staatliche Förderung in Form von Bafög, doch das Geld war natürlich vorne und hinten mehr als knapp. Ich nannte den Zustand später immer scherzhaft KPD, was nichts anderes als »Kein Pulver Da« bedeutete.

Alles in allem würde ich die Zeit in Freiburg als interessante Erfahrung bezeichnen. Meine Klasse bestand einerseits aus mehr oder weniger talentfreien Menschen, die nicht genau wussten, was sie mit ihrem Leben anfangen sollten, und die bei ihrer Sinnsuche auf der Schauspielschule gelandet waren. Andere waren regelrechte Psychos, die zwar einigermaßen talentiert waren, aber sich bedeutungsschwanger wie tränenreich in »Commedia dell'arte« versuchten, was nichts anderes bedeutet als die Berufsschauspielkunst in Italien im 16. bis 18. Jahrhundert: üppiges, übertriebenes Volkstheater. Super! Meine Freiburger Phase kurz zusammengefasst: Der Sprachunterricht war gut, um meinen badischen Akzent abzutrainieren, der Gesangsunterricht eher lächerlich und der Rest – na ja. Wobei, der Stepptanzkurs war ganz ausgezeichnet! Also nicht wirklich der Unterricht oder die Steppkünste von Nuscha, unserer Lehrerin. Die waren eher übersichtlich. Nein, es war mehr die unglaubliche Außenansicht ihres sicherlich tollen Charakters. Sagen wir einfach, sie sah umwerfend aus. Mein damaliger Kumpel und Mitschüler Antonio und ich waren auf jeden Fall große Fans ihres Kurses und haben versucht, keine Stunde zu verpassen. Allerdings eben nicht, um uns im Stepptanz zu verbessern. Steppen hatte ich für meinen Teil nämlich schon als kleiner Junge gelernt, als ich bei uns im Gefängnis jeden Tag trainiert habe. Ganz zum Leidwesen meiner Oma, da ich einen hohen Verschleiß an den Metallsohlen der Steppschuhe hatte, die sie mir für teures Geld immer wieder neu kaufen musste.

Nach eineinhalb Jahren beschloss ich, meine Zelte in Freiburg wieder abzubauen und zurück nach Überlingen zu gehen. Genau zu diesem Zeitpunkt kam Hermann Stengele auf mich zu und berichtete mir begeistert, dass die Big Band der Bundeswehr auf der Suche nach einem Sänger sei. »Mensch, Marko, das wäre doch was für dich!« Hermann hatte von dem Vorsingen durch den Kauf der Noten bei Günther Norris erfahren. Wow, das war mal eine richtig gute Nachricht. Mir zuckten tausend Gedanken durch den Kopf, und für einen Moment malte ich mir aus, wie es wohl sein würde, als 21-Jähriger der Sänger in diesem honorigen Orchester zu sein. Frank Sinatra war immerhin schon 25 gewesen, als er Sänger beim Tommy Dorsey Orchestra wurde, einer der damals berühmtesten Swing-Bands in Amerika. Schon als kleiner Junge sah ich immer im Fernsehen die Show »Musik ist Trumpf« mit Peter Frankenfeld. Dort traten damals die größten Stars wie Caterina Valente oder auch Sammy Davis Jr. auf und wurden von der Big Band der Bundeswehr begleitet. Daneben gab es in den 70er- und 80er-Jahren eigentlich nur noch die Orchester von James Last und Max Greger. Also eine ganz schön große Nummer.

Da war aber noch eine Sache, und wenn ich es mir genau überlegte, eine ziemlich bedeutsame dazu. Ich eröffnete Hermann Stengele kleinlaut, dass ich gerade den Wehrdienst verweigert hatte und dass dies möglicherweise ein Problem sein könnte. »Ja, Marko, das ist ein Problem«, antwortete Hermann stirnrunzelnd. Aber sind wir mal ehrlich, eigentlich gibt es doch für jedes Problem eine Lösung. Meine Devise hieß: Auf in den Kampf! Ich fuhr also zum Vorsingen. Schließlich hatte ich noch kein Papier unterschrieben, dass ich Zivildienst leisten wolle.

Bei der Audition war mir dann doch etwas flau im Magen. Ich traf dort viele talentierte wie bekannte Sänger aus der deutschen Showbranche, die sich ebenfalls um die eine vakante Stelle bewarben: Sänger der Bundeswehr Big Band! Meine Songauswahl »Mr. Bojangles« von

Sammy Davis Jr. stellte sich im Nachhinein als Volltreffer heraus, und mein Auftritt hat die Jury wohl vollständig überzeugt. Sie wollten einen Sänger, der genau diesen »alten« Big-Band-Stil verkörperte. Jetzt hatten sie ihn und gaben mir die Zusage. Ich konnte das alles nicht fassen. Ich war der neue Sänger der Bundeswehr Big Band! Von nun an durfte ich mit absoluten Profis zusammenarbeiten und wusste, dass ich von den alten Hasen sehr viel würde lernen können.

Ach ja, da war ja noch was: Die Verweigerung habe ich zurückgezogen und mich schließlich für drei Jahre bei der Bundeswehr verpflichtet. Mein Anwalt, dem ich zuvor stundenlang erklärt hatte, warum ich auf gar keinen Fall zur Bundeswehr gehen könne, war einigermaßen baff über meinen Sinneswandel. Na ja, so schnell ändern sich eben manche Dinge im Leben!

Drei Monate Grundausbildung an der Waffe musste ich natürlich absolvieren. Wenn man aber weiß, dass man danach als Sänger zur Bundeswehr Big Band versetzt wird, ist das halb so schlimm. Im April 1986 trat ich also meinen Grundwehrdienst in der Kaserne in der Ingolstädter Straße in München an. Ich wusste nicht so genau, was da auf mich zukam, aber selbst wenn ich es mir vorher versucht hätte auszumalen, es kam einmal mehr ganz anders.

Als der Hauptmann mich in der Kaserne begrüßte – und er wusste natürlich, dass ich nach dem ersten Vierteljahr zur Big Band abkommandiert werden würde –, erklärte er mir, dass im Juni das 30-jährige Jubiläum des Standorts anstünde, und fragte mich, sozusagen als Mann vom Fach, ob ich nicht Lust hätte, die Organisation für die geplante Show zu übernehmen. War das Glück, Schicksal, Fügung? Egal! Ich konnte nicht fassen, was ich gerade gehört hatte, und strahlte über das ganze Gesicht: »Sehr gerne, Herr Hauptmann!«

Der Hauptmann mochte mich. Ich durfte in den nächsten Wochen die meiste Zeit für die Show proben und den großen Event organisieren. Ganz im Gegensatz zu meinen Kameraden, die ihr ABC-Alarm-Training absolvierten und draußen in der Kälte übernachten mussten. Bei jeder Gelegenheit boten sich die Jungs an, mir bei der Organisation zu helfen, sie rissen sich förmlich darum. »Marko, komm schon, hol uns dazu. Du brauchst doch sicher Unterstützung.« Nebenbei habe ich damals viel trainiert. Ich war extrem fit und in körperlicher Top-Verfassung. Die Zeit verging wie im Fluge. Am 30. Juni war der große Tag der Jubiläumsshow, und um es kurz zu machen: Sie war ein riesiger Erfolg und der Hauptmann mehr als zufrieden. Grundausbildung erledigt. Schon am nächsten Tag packte ich meine Klamotten und machte mich auf den Weg nach Euskirchen, wo im Juli mein Engagement bei der Big Band der Bundeswehr begann.

Ich war der Rookie, der Neue, und ich erinnere mich noch ganz genau, wie ich das erste Mal bei einer Probe dabei sein durfte. Die Band hatte drei fest angestellte Sängerinnen, die mich freundlich begrüßten. Mit Rosi, einer der Damen, kam ich schnell ins Gespräch. Sie fragte mich nach meinen Plänen und wie ich zur Big Band gekommen sei. Ich schwärmte ihr vor, dass ich gerne einmal meine eigene Musik und auch Filme machen möchte. Rosi grinste und meinte nur: »Ziemlich große Ziele, mein Junge. Mach mal langsam. Wir alle hier sind schon lange dabei, und eines kann ich dir sagen: Das Showbusiness ist verdammt hart. Sei froh, wenn du am Anfang überhaupt mithalten kannst.« Das war eine klare Ansage. Was sie damit meinte, war nichts anderes als: »Wir sind drei Sängerinnen, wir sind gut und machen das schon lange. Du bist neu und stehst hinten in der Schlange.« Mir war in der Sekunde klar, was auf mich zukommen würde. Die drei Damen hatten immer ihre Soloauftritte in der Show, und jetzt mussten sie diese mit mir teilen. Drei herausragende Sängerinnen und ein Heißsporn, der die Welt erobern wollte. Die Spiele waren eröffnet.

Die erste Zeit dort war zugegebenermaßen in keinerlei Hinsicht einfach. Mein Hauptfeldwebel hatte mich irgendwie auf dem Kieker. Er fragte sich, was ich da eigentlich so mache, den ganzen Tag als Sänger. Mit strengem Unterton ermahnte er mich ständig: »Herr Keller, tun Sie dies, und tun Sie das. Sie werden hier auch Kaffee kochen und den normalen Dienst schieben, den die anderen auch machen müssen. Ist das klar?« – »So was von klar«, antwortete ich ihm, aber erklärte gleichzeitig, dass ich für die Auftritte proben, Tanzen, Steppen trainieren und dafür auch Unterricht nehmen müsste. Er zuckte nur genervt mit den Achseln und forderte mich auf, ihm alles schriftlich zu geben.

Es blieb schwierig mit dem Hauptfeldwebel – bis zu dem Tag 1989, als ich in der »Rudi Carrell Show« aufgetreten bin. Meine Oma war diejenige, die mich darauf aufmerksam machte. Sie erzählte mir aufgeregt, dass in der Fernsehshow »Laß dich überraschen« Gesangstalente gesucht würden. »Das ist was für dich, Marko. Geh doch da hin!« Ich überlegte nicht sehr lange, nahm mit dem Pianisten der Big Band der Bundeswehr eine Kassette mit meiner Version des Songs »Everybody loves somebody« von Dean Martin auf und schickte sie als Bewerbung an den Sender. Schon zwei Wochen später wurde ich zum Casting nach Köln eingeladen.

Ich wartete, bis ich an der Reihe war. Vor mir waren noch einige andere dran, was sich bei so einem großen Casting nicht vermeiden lässt. Als dann aber just vor mir in der Schlange ein Italiener mit Elvis-Tolle auftauchte, der sein Tape mit dem Playback abgab und ebenfalls »Everybody loves somebody« singen wollte, raunte ich nur ein angespanntes »So eine Sch…« in meinen Bart. Das Glück blieb mir aber hold. Ich kam vor ihm dran, ging auf die Bühne, und schon nach den ersten Takten gab es Beifall. Am darauffolgenden Sonntag war dann die Zeile in der *Bild am Sonntag* zu lesen: »Mit Marko Keller zog ein Hauch Hollywood ein.« Nunmehr überschlugen sich die Ereignisse. Zwei Wochen später war ich bereits in der Sendung.

Als ich am ersten Probentag auf dem Gelände ankam und gerade die Treppen zum Studio hinunterlief, hörte ich schon aus der Entfernung, wie Karel Gott seinen großen Hit »Einmal um die ganze Welt« sang. Allein, es war gar nicht Karel Gott, wie ich wenige Momente später feststellen musste. Vielmehr war es ein anderer Kandidat namens Wolfgang Sütterlin. Seine Stimme klang zum Verwechseln ähnlich.

Ich hatte gerade meine Tasche abgestellt, als mich eine Assistentin bat, ihr zu folgen. Herr Carrell wolle mich sprechen. Mein Puls erhöhte sich merklich. Der Niederländer war zu dieser Zeit ein großer TV-Star im deutschen Fernsehen und damit einer der Fernsehhelden meiner Kindheit. Da stand er nun vor mir, im Trägerunterhemd vor einem Fernsehmonitor, wo er die Proben verfolgen konnte. Ich stellte mich kurz vor, und er fragte mich direkt: »Was wollen Sie denn machen?« – »Einen Titel von Dean Martin«, antwortete ich. Er schaute mich nur einen kurzen Moment an, dann lief er mit einem knappen »Okay, ist gut« an mir vorbei und verließ den Raum. Ich hatte nicht wirklich den Eindruck, dass ihn das sonderlich interessierte beziehungsweise ob er mich überhaupt wahrgenommen hatte.

Nun war ich dran. Ich ging auf die Bühne, um meinen Soundcheck zu absolvieren. Nach den ersten Takten von »Everybody loves somebody« stand plötzlich Rudi am Bühnenrand und verfolgte aufmerksam meinen Auftritt. Als ich fertig war, sagte er schließlich überrascht und sichtlich beeindruckt: »Das ist unglaublich, du singst wie er. Ich kenne niemanden, der so singt wie er.« Ich bedankte mich für das Kompliment, als Rudi fortfuhr: »Komm mal mit.« Er nahm mich mit in sein Büro, zeigte mir Platten und Fotos von Dean Martin. Später lud er mich zum Essen ein und erzählte mir eine spannende Anekdote nach der anderen aus dem schillernden Show-Business. Aus diesem ersten Abend wurden vier unglaubliche Tage, in denen ich mit Rudi Carrell unterwegs sein und den großen Showmaster auch von seiner privaten Seite kennenlernen durfte. Wenn Rudi erzählte, hing ich fasziniert an seinen Lippen. Es war einfach eine andere, eine faszinierend verrückte Welt, die ich bislang nicht kannte; und sie gefiel mir ausgesprochen gut.

Der Tag der Aufzeichnung war gekommen, ich hatte meinen großen Auftritt. Das Konzept der Show war, die Talente zunächst in ihrem nachgestellten Alltag zu zeigen, um dann in der Anmoderation von Showmaster Rudi auf die Showbühne gebeten zu werden. Bei mir hatten sie im Studio eine kleine Autowerkstatt eingerichtet, in der ich nun im Kfz-Mechaniker-Blaumann mit Rudi ein paar Takte über Dean Martin und mein Leben plauschte. Während er mit mir sprach, nahm er einen Smoking von der Kleiderstange und fragte mich, was ich für das Publikum singen würde. »Everybody loves somebody«, war meine Antwort. »Jeder liebt jemanden«, übersetzte Rudi und schob sofort nach: »Und wen liebst du?« – »Meine Oma«, antwortete ich wie aus der Pistole geschossen. Als meine Oma später aufgeregt zu Hause vor dem Fernseher saß und mir zuschaute, war sie sehr berührt von meiner Liebeserklärung an sie. Rudi moderierte meinen Auftritt an: »Eben noch in der Kfz-Werkstatt, jetzt auf der Showbühne. Marko Keller mit dem Song ›Everybody loves somebody‹ von Dean Martin.« Da stand ich nun in meinem schwarzen Smoking auf den Brettern, die die Welt bedeuten. Um mich herum war eine Studiokulisse mit kleinen Tischen aufgebaut, das Ganze war eingerichtet wie in einer Bar. An den Tischen saßen hübsche junge Damen in glitzernden Kleidern, mit denen ich während des Songs musikalisch flirtete. Kleiner Schwank am Rand: Eine der jungen Damen war die damals ebenfalls noch völlig unbekannte Bärbel Schäfer, die ein paar Jahre später zur Talkshow-Queen aufsteigen sollte.

Ja, ich war aufgeregt, aber ich habe es auch genossen. Mittendrin in einer Welt, in die ich mich schon als kleiner Junge immer wieder hineingeträumt hatte. Als ich zu singen begann, ging ein Raunen durch das Studiopublikum. Applaus brandete auf. Die Zuschauer waren begeistert. Sie wählten mich am Ende der Sendung mit großem Abstand zum Sieger des Abends. Zweiter wurde übrigens Wolfgang Sütterlin, der Mann, der Karel Gott stimmlich so täuschend echt imitieren konnte. Rudi gratulierte mir vor dem großen Finale zum Sieg und fügte vor knapp 17 Millionen Fernsehzuschauern an, dass er mich ja die letzten Tage etwas kennenlernen konnte. Und er tippe bei mir, dass ich eines Tages mal Showmaster werden würde.

Mit Rudi Carrell hatte ich bis zu seinem Tod ein sehr freundschaftliches Verhältnis. Nach der Show lud er mich auch einmal zu sich auf sein Gut in Wachendorf bei Bremen ein und zeigte mir in seinen TV-Studios Originalbänder von seinen Shows. Viele Weltstars waren bei ihm zu Gast gewesen, unter anderem auch Dean Martin. Rudi war ein Großer seiner Zunft, mochte mich und sah etwas in mir. Er hatte am 19. Dezember Geburtstag, und dazu schickte ich ihm jedes Jahr eine Flasche Champagner. Er rief mich dann immer an Weihnachten an, bedankte sich herzlich und freute sich, dass ich Jahr für Jahr an ihn dachte.

Nach der Aufzeichnung der Show haben wir noch bis tief in die Nacht mit Rudi gefeiert. Ich trank ja als Sportler zum Glück keinen Alkohol, aber ich war in einem wahren Glücksrausch, wollte unbedingt schnell zurück zum Bodensee, um mit meinen Freunden und meiner Familie zu feiern. Nach zwei, drei Stunden Schlaf machte ich mich schließlich in aller Herrgottsfrühe um acht Uhr von Köln mit dem Auto auf den Weg zurück nach Überlingen. Es schüttete in Strömen, und man konnte kaum etwas sehen, als ich in der Nähe meiner Heimat in Geisingen bei Singen mit meinem alten Ford Taunus in eine durch die Niederschläge entstandene Regenmulde geriet. Das Auto verlor die Bodenhaftung und begann durch das Aquaplaning um die eigene Achse zu kreisen. Schließlich überschlug ich mich noch dreimal. Zum Glück war die Autobahn leer und kein anderes Fahrzeug in der Nähe. Ich blieb unverletzt, stand aber total unter Schock. Schnell griff ich nach meinem goldenen Mikrofon, das ich wenige Stunden zuvor gewonnen hatte, und kletterte geistesgegenwärtig aus dem Wrack. Alles außer dem Mikro war Schrott. Mein Auto tot – Totalschaden! Michael Jeckel hat mich schließlich abgeholt und zu meiner Oma gebracht. Sie hatte sich fürchterlich erschrocken, aber war glücklich, dass mir nichts passiert war.

Am Sonntag musste ich mich wieder direkt auf den Weg zum Frankfurter Flughafen machen, die USA-Tournee der Big Band der Bundeswehr stand an. An diesem

Tag war die Hölle los. Eine ganze Reihe Journalisten versuchte mich zu erreichen, da sie von meinem Unfall erfahren hatten. Nicht zuletzt durch die Titelseite der *Bild am Sonntag*: »Der deutsche Dean Martin überschlug sich dreimal auf der Autobahn.« Nette Lektüre auf dem Weg in die USA.

In Amerika zogen wir dann von Stadt zu Stadt, hatten im ganzen Land Auftritte. Es war eine wirklich aufregende Zeit, in der so viel in meinem Leben auf einmal passierte und sich auch so vieles veränderte.

***

Und es sollte erst der Anfang sein. Ich war gerade wieder einen Monat aus den USA zurück, da meldete sich eines Tages Hinnerk Jensen bei mir, ein Mitarbeiter von Berengar Pfahl Film. Berengar hatte mich am 24. Juni 1989 bei Rudi Carrell im Fernsehen gesehen. Im Nachhinein ist dies ein historischer Tag, denn mein Auftritt dort war letztendlich der Startschuss für meine ganze Fernsehkarriere. Schon einen Tag nach der Sendung hatte Pfahl bei Rudi angerufen und sich nach mir erkundigt, denn er plante gerade eine neue Fernsehserie namens »Sterne des Südens«. »Vielleicht könnte der Junge ja eine kleine Rolle übernehmen.« Rudi empfahl mich wärmstens und informierte mich danach direkt, dass mich jemand vom Film anrufen werde. Rudi meinte nur: »Mach das, Junge, du kannst das!«

Am Wochenende bin ich meistens aus Euskirchen bei Bonn von der Bundeswehr zurück an den Bodensee gefahren. Ich erinnere mich genau, dass es an einem Donnerstagabend war, als ich gerade zur Tür hereinkam und mich meine Oma schon aufgeregt empfing: »Marko, da hat gerade jemand vom Film angerufen. Er meldet sich gleich noch einmal.« Tatsächlich klingelte das Telefon wenig später erneut, und am anderen Ende der Leitung meldete sich Hinnerk Jensen. Hinnerk erzählte mir etwas über das Konzept von »Sterne des Südens« und dass er mich gerne zum Casting einladen möchte. Ich war sprachlos. Es war einfach unfassbar. »Wann ist denn das Casting?«, fragte ich. Hinnerk entgegnete: »Morgen in der Nähe von Düsseldorf.« – »Morgen?«, fragte ich entgeistert. »Ich bin gerade erst aus Euskirchen zurück an den Bodensee gefahren.« Hinnerk war bewusst, dass weder Timing noch Routing optimal waren, da Euskirchen eine Dreiviertelstunde von Düsseldorf entfernt war, Überlingen dagegen fast 600 Kilometer. Er verabschiedete sich mit den Worten: »Ja, ich weiß, es ist sehr weit. Es wäre schön, wenn du trotzdem kommen könntest, aber das musst du entscheiden. Das Casting beginnt um elf Uhr!« Mein Gehirn ratterte, tausend Gedanken schossen mir durch den Kopf. Es war eine einmalige Chance, aber was, wenn ich das mit dem Casting nicht hinbekommen würde und ich dann 1200 Kilometer umsonst durch die Gegend geeiert war? Meine Oma hatte die passende Antwort: »Marko, natürlich fährst du da hin!« Das war eine klare Aussage. Ich machte mich in den frühen Morgenstunden auf den Weg. Nach fünf Stunden kam ich pünktlich in Buschenhausen, einem beschaulichen Ort im Umland von Düsseldorf, an. Ich parkte vor einer riesigen Scheune und sah mich um. Was ich sah, ließ mir das Herz in die Hose rutschen beziehungsweise meine Cojones auf Erdnussgröße schrumpfen. Dort standen schon ein paar Schauspieler, die sich ebenfalls zum Casting eingefunden hatten. Da waren Dieter Landuris, Ralf Bauer, Sönke Wortmann, Bruno Eyron, eine ganze Reihe guter Schauspieler, die später sehr bekannt wurden. Ich versuchte einen klaren Gedanken zu fassen. In meiner Not setzte ich mich in mein Auto, fuhr zur nächsten Telefonzelle und rief meine Oma an. »Oma, ich komme jetzt wieder nach Hause. Ich weiß nicht, was ich hier soll. Da sind lauter bekannte Menschen.« Ich hörte an Omas Ton, dass sie etwas ärgerlich wurde. »Marko, rede keinen Blödsinn. Du bleibst dort und gehst jetzt da hin!« Das war deutlich, und Oma zu widersprechen war in der Regel nicht zielführend. Ich atmete tief durch und fuhr zurück zur Scheune.

Erste Amtshandlung: Man machte ein Polaroidbild von mir, notierte Namen und Geburtsdatum darauf. Das Casting konnte beginnen. Meine Spielpartnerin war Claudine Wilde, eine bis zu diesem Zeitpunkt noch völlig unbekannte Schauspielerin. Wir sollten eine emotionale Szene spielen, genauer gesagt einen Streit! Claudine gab alles. Sie schrie mich an, beschimpfte mich und schüttete mir in dieser improvisierten Szene eine Ladung Wasser über mein Hemd. Ich wusste eine Sekunde nicht genau, was das sollte. Hatte die einen Knall? Dann wurde ich richtig sauer, weil ich nur dieses eine Hemd dabeihatte. »Man kann es auch übertreiben«, raunzte ich ihr angefressen entgegen. Berengar Pfahl, der Regisseur, und die anderen haben alle herzlich gelacht. Ich fand die Situation allerdings in dem Moment alles andere als witzig.

Wir haben dann alle zusammen in Sechserzimmern in einer Jugendherberge übernachtet. Bei mir im Zimmer waren unter anderem Sönke Wortmann und Bruno Eyron. Am nächsten Tag ging das Casting in Runde zwei. Jeder durfte zeigen, was er draufhat. Ralf Bauer hat auf dem Tisch »I got rhythm« gesungen und gesteppt, ich habe »Gentle on my mind« von Dean Martin zum Besten gegeben. Dabei sind alle ausgeflippt! Das war es dann auch schon mit dem Casting für »Sterne des Südens«. Es hätte schlechter laufen können, aber ich hatte keine Ahnung und auch kein Gefühl, ob ich jemals wieder von der Produktionsfirma hören würde.

Sonntag war ich wieder zurück in der Kaserne in Euskirchen. Der Montagmorgen begann zunächst wie gewohnt. Ich holte gut gelaunt Brötchen, da ich immer das Frühstück organisierte, und brachte sie zu Frau Schlickmann ins Büro, der Sekretärin der Big Band der Bundeswehr. Neben dem Hauptfeldwebel war sie die wichtigste Person für die Gefreiten. Frau Schlickmann hatte mich immer gemocht, aber seit ich die »Rudi Carrell Show« gewonnen hatte, mochte mich auch der Hauptfeldwebel. Er begrüßte mich plötzlich mit Handschlag und räumte mir auch sonst eine Menge Privilegien ein. So musste ich zum Beispiel in der Regel erst dienstags wieder in der Kaserne sein. Dafür durfte ich Donnerstag schon wieder abreisen. Einzige Ausnahme: Zu den Galas hatte ich natürlich Anwesenheitspflicht.

An diesem Montagmorgen war irgendwie alles anders. Ich legte Frau Schlickmann die Brötchen auf den Tisch, als diese mir einen Zettel mit einer Telefonnummer in die Hand drückte. »Herr Keller, es hat jemand vom Film für Sie angerufen und um Rückruf gebeten.« Ich nickte, ging zur Telefonzelle und wählte die Nummer. Der Herr am anderen Ende der Leitung begrüßte mich freundlich und fragte mich: »Herr Keller, sitzen Sie?« Ich antwortete, dass ich bedauerlicherweise nicht sitzen könne, da ich in einer Telefonzelle stünde. »Na gut, dann halten Sie sich jetzt mal irgendwo fest. Hätten Sie was dagegen, die Hauptrolle in ›Sterne des Südens‹ zu spielen?« Das war eindeutig der Moment, wo ich mich dringend festhalten musste, sonst hätten mich meine Knie im Stich gelassen. Hat er jetzt den Falschen angerufen? Ich sollte doch eigentlich nur eine kleine Rolle übernehmen. Tausende Gedanken durchzuckten mein Gehirn. Ich biss mir vor Aufregung sogar in die Hand, weil ich einfach nicht glauben konnte, was ich da hörte. Der Herr am Telefon fügte gut gelaunt an: »Sie haben schon richtig gehört, Herr Keller. Wir wollen Sie!« Es bestand kein Zweifel, kein Irrtum. Mir wurde gerade die Hauptrolle in einer 13-teiligen ARD-Serie im Hauptabendprogramm angeboten. Mein Gefühlsroulette wechselte in Sekundenschnelle von Gänsehaut über unbeschreibliche Freude, völliger Aufregung zu unbändigem Stolz und wieder zurück. Ganz langsam fing ich an zu begreifen. Alle meine Träume und Wünsche, an die ich geglaubt und für die ich gekämpft hatte, schienen jetzt wahr zu werden. Ich brachte kaum einen sinnvollen Satz heraus: »Ich freue mich, ich weiß gar nicht, was ich sagen soll. Danke!«, rief ich ins Telefon. Dann legte ich auf und schrie die ganze Freude aus mir heraus. Das musste ich sofort Oma erzählen. Mit zittrigen Händen rief ich sie an. »Oma, ich hab die Hauptrolle!« Sie antwortete so gerührt wie fassungslos: »Mein Junge, das gibt es ja nicht. Ich freue mich so sehr für dich!« Ich herzte und küsste den wichtigsten Menschen in meinem Leben durchs Telefon. Ein Wahnsinnsaugenblick!

Danach stürmte ich ins Büro zu Frau Schlickmann zurück und erzählte ihr die Neuigkeiten. In dem Moment kamen die Sängerinnen vom Chor der Big Band zur Tür herein. Sie konnten ebenfalls nicht glauben, was sie da gerade hörten. »Wie, du hast die Hauptrolle? Das gibt es doch gar nicht. Du kommst hierher als Sänger der Big Band und gehst mit der Hauptrolle in einer ARD-Serie wieder.« Ich spürte aber, dass sich alle wirklich von Herzen für mich freuten. Kein Neid, keine Missgunst, pure Freude. Was für ein Moment!

Eigentlich sollte mein Engagement bei der Big Band der Bundeswehr erst im kommenden Juni enden. Allerdings musste ich im April schon zu Probeaufnahmen für »Sterne des Südens« nach Fuerteventura fliegen. Ich sprach mit den Verantwortlichen, und sie signalisierten mir sofort, dass sie mir keine Steine in den Weg legen würden. Sie hatten vollstes Verständnis und ließen mich ziehen.

Die Probeaufnahmen auf Fuerteventura dauerten sechs Wochen. Danach kam ich mit dem Auftrag nach Deutschland zurück, möglichst viel mit dem Motorrad zu fahren, da ich beim späteren Seriendreh in Griechenland bei meiner Ankunft als neuer Animateur namens Christoph mit der Maschine cool von der Fähre rollen und auch im Verlauf der ersten Folgen immer wieder Szenen auf dem Motorrad haben sollte. Berengar Pfahl stellte mir hierfür eine knackige Yamaha SR 500 zur Verfügung. Damit durfte ich drei Monate, also genau genommen den ganzen Sommer, durch Überlingen cruisen. Es gibt schlimmere Drehvorbereitungen.

Dieser Sommer am Bodensee war herrlich und entspannt. Ich konnte es kaum erwarten, bis die eigentlichen Dreharbeiten endlich losgingen. Eines Morgens bat mich meine Oma nach dem Frühstück, zu meinem Onkel ins Krankenhaus zu fahren, um ihm einen Kuchen zu bringen, den sie extra für ihn gebacken hatte. Er und Tante Gertrud wohnten genau neben uns in der Gasse, nur dem Onkel ging es gerade nicht so gut. Als ich wieder zurück nach Hause kam und die Haustür aufschloss, klingelte das Telefon, und die Tür zum Wohnzimmer stand offen. Ich rannte rein und in Richtung Telefon. Meine Oma lag mit dem Rücken zur Tür und angewinkelten Beinen auf dem Boden. Ich realisierte in dieser Hundertstelsekunde gar nicht, was los war, nahm wie ferngesteuert das Telefon ab und blickte nun zum ersten Mal richtig zu Oma, die nur noch leise röchelte. Schnell warf ich den Hörer in die Gabel und bückte mich zu dem Menschen, der mir immer am meisten bedeutet hatte. »Oma, Oma, was ist mir dir?« Ich streichelte sie beruhigend und rief als Nächstes den Notarzt. Dann rannte ich in meiner Panik zu Tante

Gertrud im Nebenhaus und bat sie, schnell zu kommen. »Der Oma geht es nicht gut.« Ich betete, dass es nichts Schlimmes ist. Als der Rettungswagen eintraf, war der erste Verdacht, dass meine Oma einen Schlaganfall erlitten hatte. Dieser Verdacht bestätigte sich leider im Krankenhaus. Ich war wie vom Donner gerührt. Es kam völlig unerwartet, ein Schicksalsschlag aus heiterem Himmel, der alles verändern würde. Die Folgen des Schlaganfalls waren einschneidend. Oma war halbseitig gelähmt und konnte nicht mehr sprechen. Ich war verzweifelt, sie so schwer krank und hilflos zu sehen. Sie lag drei Tage im Krankenhaus, am vierten haben wir sie nach Hause geholt. Ich konnte es kaum ertragen, wie gleichgültig sie im Krankenhaus behandelt wurde. Dort ist man einfach nur eine Nummer. Niemand bemühte sich wirklich um sie.

In meine traurigen Gedanken versunken, erinnerte ich mich an einen Satz, den meine Oma nach dem Sieg in der »Rudi Carrell Show« zu mir sagte: »Siehst du, mein Junge, jetzt hast du endlich alles erreicht, was du wolltest.« Im Nachhinein bekamen diese Worte für mich noch eine ganz andere Bedeutung. Es war, als wollte sie mir damit zu verstehen geben: »Ich war mein Leben lang für dich da. Wir sind miteinander durch dick und dünn gegangen, aber wir haben es geschafft. Jetzt bist du auf deinem Weg, den du dir immer gewünscht hast. Jetzt ist es nicht mehr so schlimm, wenn ich irgendwann einmal nicht mehr da bin.«

Oma war 83 Jahre alt, als sie den Schlaganfall erlitt. Sie in ein Pflegeheim zu geben kam für mich auf keinen Fall infrage. Ich bat schließlich meine Cousine, die Altenpflegerin war, dass sie zu uns zieht und sich um Oma kümmert. Das ist dann auch so geschehen. Sie zog mit ihrem Freund und ihrem kleinen Sohn bei uns ein und hat Oma gepflegt. Oma war zwar noch mitten unter uns, aber wir wussten nicht, was sie noch aufnahm und was sie nicht mehr verstand. Manchmal schaute sie mich an, versuchte zu sprechen. Sie gab unverständliche Laute von sich, die wir nicht zuordnen konnten. Es war der blanke Horror, sie so leiden zu sehen. Als ich schließlich zum ersten Dreh nach Kreta abreisen musste, war es sehr schwer für mich, meine Oma allein zu lassen, aber ich wusste sie bei meiner Cousine in besten Händen.

Wir drehten für »Sterne des Südens« zunächst drei 90-minütige Pilotfilme in den Aldiana Clubs in Kreta, Tunesien und dem Senegal. Für das kommende Jahr sollte sich das jedoch ändern, denn Berengar Pfahl hatte einen Deal mit der TUI gemacht, und so produzierten wir die weiteren Serienfolgen in deren Robinson Clubs.

Oma hat die Ausstrahlung der drei Pilotfilme 1990 leider nicht mehr bewusst mitbekommen. Aber sie war am Leben, und wir konnten noch zusammen Weihnachten feiern.

* * *

Mit meiner Musik ging es auch in großen Schritten weiter. Ich hatte einen Albumvertrag mit der Schallplattenfirma Metronome/PolyGram unterzeichnet. Außerdem hatte ich vorher schon den »Sterne des Südens«-Titelsong

»Bel Ami« eingesungen. In irgendeiner Besprechung in dieser turbulenten Zeit überzeugte man mich, das »o« am Ende meines Vornamens zu streichen, um fortan als Mark Keller aufzutreten. Man fand, das passe besser zu mir. Etwas kantiger, weniger weich, erwachsener. Es dauerte ein paar Wochen, bis ich mich daran gewöhnt hatte, aber irgendwann fühlte es sich völlig normal an.

Im Januar musste ich für einige Tage nach London fliegen, um dort im Studio weitere Songs für mein erstes Studioalbum zu produzieren. Es war der 10. Januar 1991, als ich frühmorgens einen Anruf von meiner Cousine bekam. Sie war völlig aufgelöst: »Marko, du musst sofort nach Hause kommen. Ich glaube, die Oma lebt nicht mehr lange. Sie atmet ganz schwer.« Sofort ließ ich alles stehen und liegen und wollte nichts anderes als schnellstens zu ihr. Da ich zu diesem Zeitpunkt noch nicht einmal eine Kreditkarte hatte, bat ich Michael Jeckel, mir einen Flug nach Friedrichshafen zu buchen. Die Maschine über Frankfurt startete bereits um kurz nach zehn Uhr in London. Zu allem Übel hatte ich ein paar Stunden Aufenthalt in Frankfurt. Immer wieder rief ich zwischendurch von einer Telefonzelle aus zu Hause an, um zu hören, wie es Oma ging. Schließlich bin ich um 16 Uhr in Friedrichshafen gelandet. Meine Cousine aus Österreich holte mich am Flughafen ab und brachte mich nach Überlingen.

Zu Hause war schon die ganze Familie um Omas Bett versammelt. Der Arzt erklärte mir, dass es an ein Wunder grenze, dass die Oma noch lebte. Er hatte befürchtet, dass sie den Vormittag nicht überstehen würde, »offenbar wartet sie noch auf irgendjemanden.« Meine Familie sagte nur: »Ihr Junge fehlt noch, ihr Marko!«

Ich ging ins Wohnzimmer, wo ihr Bett stand. Oma atmete schwer und rang nach Luft. Ich trat zu ihr, nahm ihre Hand und begann ganz leise zu ihr zu reden. Sie spürte mich und schien sich etwas zu entspannen. »Oma, bitte, bitte nicht ...« Sie spürte meine Aufregung, meine Traurigkeit. Dabei wurde ihre Atmung wieder schneller, sie kämpfte. Ich zwang mich, ruhig zu bleiben, einfach ihre Hand zu streicheln und nicht mehr zu sprechen. Ich wusste, ich musste sie gehen lassen. Dann wurde sie urplötzlich ganz still. Ich nahm sie in den Arm und spürte, wie ihr Herzschlag langsamer wurde. Sie konnte jetzt loslassen. Wenige Sekunden später hörte ihr Herz auf zu schlagen. Meine geliebte Oma hatte für immer ihre Augen geschlossen, sie war von uns, von mir gegangen. Ich war wie in Trance. Es war der Moment, vor dem ich mich immer gefürchtet hatte, aber so richtig realisiert habe ich es erst Stunden und Tage später. Ich zog Oma den Ring vom Finger und hielt ihn fest in meiner Hand. Später trug ich ihn an meiner Halskette. Ich wollte für immer etwas von Oma bei mir haben.

Als der Bestatter kam, nahm er mich auf die Seite: »Marko, vor 25 Jahren habe ich deine Mutter hier in der Turmgasse 13 abgeholt. Ich weiß, dass ihr das Grab damals nicht halten konntet, weil ihr kein Geld hattet, aber es ist noch frei. Ich versuche, deine Oma in dasselbe Grab deiner Mutter zu legen.« Ich bedankte mich herzlich. Ein letzter Blick, eine letzte Berührung. Ich konnte in aller Ruhe von meinem Herzensmenschen Abschied nehmen, bevor sie für immer weggebracht wurde. Die Beerdigung fand drei Tage später statt, am Freitag, dem 13. Januar. Meine Mutter war ebenfalls an einem 13. Januar gestorben. Schicksal, Fügung oder Zufall? Der Tod meiner Mama und meiner Oma stehen jedenfalls mit diesem Datum in enger Verbindung. Und Oma fand ihre letzte Ruhestätte tatsächlich an derselben Stelle wie meine Mutter. Es fühlte sich völlig unwirklich an, dass Oma nun nicht mehr da war. Stille.

Vielleicht war es gut und lenkte mich auch etwas ab, dass ich schnellstmöglich zurück nach London musste, um die Aufnahmen an meinem Album fortzusetzen. Unmittelbar nach der Beerdigung machte ich mich auf den Weg zum Stuttgarter Flughafen. Von dort ging abends um 19 Uhr mein Flug, der allerdings an diesem Abend wegen eines schweren Gewitters nicht in London landen konnte. Wir wurden nach Manchester umgeleitet und mussten dort drei Stunden in der Maschine warten. Schließlich hieß es um ein Uhr nachts, dass wir nicht weiterfliegen könnten. Wir wurden mit dem Bus nach London gebracht, um fünf Uhr früh bin ich in meinem Hotel angekommen. Wenige Stunden später stand ich dann wieder im Studio. Ich sang an diesem Tag den Titel »Gone with the wind« ein. Ein hoch emotionaler Song, der mich natürlich immer wieder daran erinnerte, dass meine Oma nicht mehr da war. Die Trauer kam nach und nach und immer wieder in Wellen. Ähnlich wie ein paar Jahre zuvor bei meinem Opa. Ich hatte plötzlich das Gefühl, dass ich nun niemanden mehr hatte, der mir so vertraut war. Dass ich allein war.

So ganz stimmte das natürlich nicht. Meine Freundin Tülin, die zwei Jahre später meine Frau wurde, war in dieser schweren Zeit an meiner Seite. Es war nun mal der Gang des Lebens, der ewige Kreislauf des Kommens und Gehens. Meine Oma war nicht mehr da, aber wir gründeten in den kommenden Jahren unsere eigene Familie. 1993 kam unser Sohn Aaron zur Welt, drei Jahre später Joshua. Mit Aaron und Joshua bin ich oft zum Grab meiner Oma gegangen, genauso wie ich früher mit meiner Oma jeden Tag zum Grab meiner Mutter gegangen war.

Ich hätte mir nichts mehr gewünscht, als dass Oma meinen Erfolg noch mitbekommen hätte, aber ich war auch glücklich und dankbar, dass ich sie so lange hatte und wir so viele schöne gemeinsame Momente miteinander erleben durften.

Kapitel 4:

Mein Sport – und warum er für mich pures Glück ist

Manche belohnen sich mit einem schönen Glas Rotwein am Abend. Meine Belohnung heißt Sport, und die gönne ich mir jeden Tag.

Bei mir ging das alles schon sehr früh los. Alleine schon motiviert durch meine Cousins, die alle sportlich und zudem etwas älter und größer waren, musste ich doppelt Gas geben, damit ich mithalten konnte und dabei sein durfte. Wir haben immer irgendetwas unternommen, waren ständig in Bewegung und haben verschiedenste Arten von Sport gemacht. Direkt neben unserem Zuhause, dem Gefängnis in Überlingen, wo ich aufgewachsen bin, war der Judo-Verein. Als kleiner Junge habe ich immer mal reingeschaut, was die da so machen. Irgendwann war ich auch mal zum Training dort und zusätzlich im Fußballverein. Tischtennis habe ich auch von meinen Cousins gelernt.

Als ich älter wurde und mich für die Biografien berühmter Schauspieler interessierte, wie zum Beispiel Burt Lancaster, fiel mir auf, was für eine athletische Figur er hatte und wie top in Form er war. In den 70er-Jahren war es Bruce Lee, der mich faszinierte. Seine Martial-Arts-Filme waren schließlich auch einer der Gründe, dass ich mich immer mehr für Kampfsport interessierte. Mit zehn fing ich selbst an, im Verein Karate zu lernen.

Da ich ja schon als Kind davon träumte, eines Tages zum Film zu gehen, und mich alles, was mit diesem Thema zu tun hatte, brennend interessierte, lernte ich auch sehr schnell, dass der Körper eines Darstellers ein Teil seines Handwerkszeugs ist. Diesen musste man trainieren, pflegen und zu seinem Vorteil einsetzen können. So hatte ich schon sehr früh meine Vorbilder für jeden Bereich. Ich musste kämpfen lernen wie Bruce Lee, singen wie Elvis Presley und schauspielern wie James Dean. Dann sollte das ja eigentlich hinhauen.

Die Poster meiner Idole hingen an den Wänden meines Zimmers. Ich schaute sie mir täglich an und träumte davon, einmal so zu sein wie sie. Im Kampfsport habe ich recht schnell Fortschritte gemacht und konnte bald mit meinen Cousins mithalten. Mit 15 kam Kraftsport dazu. Fußball spielte ich nach wie vor, und so kam es, dass ich nicht nur einmal in der Woche zum Sport ging, wie viele meiner Freunde, sondern täglich. Als ich meine Ausbildung begann, ging es zeitlich natürlich nur noch abends. Aber das war ja kein Problem. Es hat mich den ganzen Tag motiviert, dass ich nach Feierabend zum Sport gehen konnte, um mich so richtig schön auszupowern. Die anderen haben in der Zeit ihr Feierabendbierchen getrunken oder eine lustige Zigarette geraucht. Beides nichts für mich.

Ich wurde schnell kräftiger, aber durch mein variantenreiches Sportprogramm auch drahtiger und gelenkiger. In meinen Spagat, auf den ich oft angesprochen werde und der immer noch gut klappt, kam ich immer leichter. Man spürt, wie sich der Körper verändert, wenn man täglich mit ihm arbeitet. Fettpölsterchen werden abgeschmolzen und Muskeln an den Stellen aufgebaut, wo man sie haben möchte und wo man sie braucht, um sich in einer bestimmten Sportart zu verbessern.

Natürlich höre ich oft den Satz »Sport ist Mord«, der meist Winston Churchill untergeschoben wird. Churchill hat das aber so nie gesagt. In einem Interview, das er in hohem Alter führte, antwortete der Champagner-, Whiskey- und Zigarrenliebhaber auf die Frage, wie er so alt werden konnte: »No sports«, und grinste dabei. Wie gesagt, in hohem Alter. Als junger Mensch war er sehr wohl ein Sportsmann gewesen. Er liebte Fechten, Schwimmen, Reiten, Polo und war begeisterter Schütze.

Was ich damit eigentlich ausdrücken will, ist, dass jeder so viel oder so wenig Sport machen kann, wie er möchte. Auch hat jede Lebensphase ihre eigenen Rhythmen. Krankheiten und Verletzungen sind dabei entscheidend, wie und welchen Sport man in welchem Alter ausüben kann. Ich hatte bisher das Glück, ohne größere Wehwehchen durch das Leben zu kommen, und konnte daher bislang meiner Leidenschaft nahezu ohne Einschränkungen folgen.

Ein großer Unterschied besteht auch zwischen Leistungs- und Breitensport. Ich zähle mich zu den aktiveren Breitensportlern. Heißt, ich mache jeden Tag irgendeine Form von Sport, aber in einem körperverträglichen Umfang. Leistungssportler trainieren jeden Tag am Limit und gehen im Wettkampf manchmal sogar darüber hinaus. Leistungssport ist daher in aller Regel der Gesundheit und dem Körper nicht zuträglich. Breitensport dagegen schon. Nicht wenige Leistungssportler haben nach ihren Karrieren kaputte Bänder, Gelenke und manche sogar vergrößerte Organe wie Herz oder Lunge. Nichtsdestotrotz bewundere ich viele große Sportler für ihre Leistungen, da sie Dinge erreichen, die auf den ersten Blick für einen Außenstehenden unerreichbar erscheinen. Ich schaue mir gerne ihre Wettkämpfe im Fernsehen an und fiebere mit ihnen mit. Vor allem liebe ich Tennis und Fußball. Allerdings ist mir bewusst, was diese Sportler gesundheitlich auf sich nehmen und dass ihre Leistung und der Erfolg mehrere Väter hat: Talent, Trainingseifer, Widerstandsfähigkeit, Wille, Durchhaltevermögen und natürlich auch Glück, um nur einige zu nennen.

Meine Sportbegeisterung begann, wie bereits beschrieben, sehr früh in meiner Kindheit. Alles entstand aus dem Grundsatz, den die Formel-1-Ikone Ayrton Senna einmal so treffend beschrieb: »Life is competing.« Meine Cousins und ich machten aus allem einen Wettbewerb. Es war ein permanenter Battle, wer was besser konnte, schneller oder stärker war. Irgendwie hat sich das auch in mein späteres Leben mit meinen Söhnen übertragen, die ich gleichermaßen mit meinem Sportvirus angesteckt habe. Wir messen uns in egal welcher Sportart, zocken gegeneinander und machen aus jedem

Blödsinn einen Wettbewerb. Aber glauben Sie nicht, dass ich meine Jungs auch nur einmal habe gewinnen lassen. Nein, ein Sportler will immer selbst gewinnen, egal bei welcher Challenge. Das kann selbst auch mal vor der Playstation enden. Hier gelten jedoch zwei eiserne Regeln: 1. Der Vater gewinnt immer. 2. Wenn er einmal nicht gewinnen sollte, wird so lange gespielt, bis er gewonnen hat, oder es gilt Regel 1. – Spaß!

* * *

Der andere Aspekt, außer dem, sich zu messen, war es, wie bereits erwähnt, von früher Jugend an, meinen Körper zu trainieren, um gut auszusehen und fit zu sein. Dazu braucht es auch gesunde Ernährung und vor allem das Vermeiden von Alkohol oder Drogen. Hierzu zähle ich auch jede Form von Doping.

Ich trinke zum Beispiel keinen Tropfen Alkohol, habe immer schon lieber zur Apfelsaftschorle gegriffen. Das kommt möglicherweise auch daher, dass ich in einer Familie groß geworden bin, in der sehr viel getrunken wurde. Meine Tante Gertrud hatte ja die Kneipe, das »Torkelstüble«. Ich habe ihr ab und zu geholfen, Wein aufzufüllen. Morgens um zehn hat das Lokal aufgemacht, dann waren schon die ersten »Spezialisten« zum Frühschoppen da und haben zu ihrer Halben noch einen Korn, also einen Schnaps, gekippt. Auch in der Familie hatten einige Probleme mit Alkohol. Ich habe das als kleiner Junge immer mitbekommen und konnte mir nie erklären, warum die sich ständig so die Birne weghauen, sich dann anschreien und aggressiv werden. Mich hat das gelinde gesagt ziemlich abgetörnt, wie sich der Charakter mancher Menschen mit dem Konsum von Alkohol veränderte, und zwar nicht unbedingt zum Besten.

Meine Freunde haben auch immer wieder mal einen über den Durst getrunken. Wenn ich abends im Fitnessstudio trainieren war und später meine Kumpels wieder in der Kneipe getroffen habe, waren die meistens schon stoned oder hatten einen im Tee. Na gut, dann war das halt so. Es waren trotzdem meine Freunde.

Natürlich habe auch ich schon einmal an einer Zigarette gezogen und an einem Bier, Schnaps oder Sekt genippt, aber das alles war zum Glück überhaupt nicht mein Ding.

Der Sport hat mir in vielerlei Hinsicht geholfen, mich weiterzuentwickeln. Eine wichtige Lektion für alle Bereiche des Lebens ist dabei sicherlich die Disziplin. Etwas jeden Tag konsequent zu tun, Ausreden nicht gelten zu lassen, habe ich mir im wahrsten Sinne des Wortes antrainiert. Körperlich zeigte diese Konsequenz schon in meiner Jugend schnell ihre Wirkung. Ich wurde muskulöser. Was ich dabei nie genommen habe, waren irgendwelche Präparate zum Muskelaufbau. Das macht massig, und ich wollte ja kein Bodybuilder werden, sondern schlank, aber dabei definiert bleiben.

Bei den Dreharbeiten zu »Sterne des Südens« war ich sehr austrainiert, aber auch sehr dünn. Als junger Mann habe ich extrem darauf geachtet, kein Fett am Körper zu haben. Ich habe dann nur gefrühstückt und abends einen Apfel und ein Knäckebrot gegessen. Ab und zu habe ich mir mal ein Stück Pizza oder einen Teller Nudeln gegönnt. Das war natürlich alles andere als gesunde Ernährung, bei der der Körper auch schnell übersäuert. Mit 17 bekam ich immer wieder mal Bauchkrämpfe und wusste zunächst nicht, woher das kommt. Ich habe dann intuitiv entschieden, wieder normal zu essen, und so habe ich es auch bis heute beibehalten. Im Alter bin ich etwas breiter geworden, aber das regelt die Natur ganz automatisch so und das natürlich aus gutem Grund.

Die Pizza ist immer noch ab und zu drin, allerdings ernähre ich mich, auch dank meiner Freundin Anna, heute meist sehr gesund. Das bedeutet viel Obst und Gemüse, Zucker weitgehend weglassen, Buchweizen statt Weizen, Süßkartoffeln statt Kartoffeln und Hafermilch statt Kuhmilch. Ein paar Vitamine und Enzyme als Nahrungsmittelergänzung. Das war es dann auch schon. Hafermilch vertrage ich im Übrigen nicht nur besser, sondern sie schmeckt mir auch richtig gut. Mittlerweile serviert man mir in den Hotels, Cafés und Restaurants, in denen man mich kennt, schon automatisch meinen »Haferlatte«, also Latte Macchiato mit Hafermilch. Die wichtigste Grundlage für eine gesunde Ernährung allerdings ist reines Wasser. Es ist die natürliche Basis unseres Lebens und das Elementarste für unseren Organismus.

Wie ihr seht, ist Gesundheit ein großes Thema in meinem Leben. Dabei ist die Bewegung das A und O, um das Immunsystem zu stärken und fit zu bleiben. Eigentlich haben viele von uns so ihre Kindheit verbracht. Wir sind draußen herumgerannt, haben gespielt und uns den ganzen Tag bewegt. Abends sind wir müde und glücklich ins Bett gefallen. Im Verlaufe des Lebens haben einige leider aufgehört, sich genügend zu bewegen. Sie haben möglicherweise einen Bürojob angenommen, Kinder bekommen, nicht mehr ganz so viel Wert auf die Ernährung gelegt und dabei wahrscheinlich auch das ein oder andere Frustpfund zu viel auf den Rippen angesammelt. Dazu kommt Stress bei der Arbeit, Stress mit den Kindern, Stress mit dem Partner oder der Partnerin; überall Stress, aber kein Ventil dafür, kein Ausgleich. Und hier wird es gefährlich: Viele flüchten dann in den Alkohol, und ich meine damit den regelmäßigen Konsum in großen Mengen. Alkohol als Glücksmacher? Die Flucht in die Sucht? Für mich sicher nicht, auch wenn manche behaupten, meine Liebe zum Sport sei auch eine Art Sucht. Das ist Blödsinn. Nicht alles, was man gerne und regelmäßig tut, ist eine Sucht. Es ist mein Hobby, meine Leidenschaft. Mir tut es gut, einmal am Tag den Puls etwas anzutreiben und Sauerstoff in meinen Körper zu pumpen. Dass dabei Glückshormone, also Endorphine, ausgeschüttet werden, fühlt sich super an. Ja, ich weiß, auch das bezeichnen manche als Abhängigkeit. Für mich ist es keine, da es keinerlei negative Aspekte mit sich bringt. Ich fühle mich super, wenn ich beispielsweise eine Stunde gelaufen bin. Danach bin ich entspannt und topfit. Einfach glücklich, da dunkle Gedanken in diesem Moment auch keinen Platz in meinem Kopf haben. Darüber hinaus kenne ich meinen Körper in- und auswendig, spüre genau, wo die Belastungsgrenze ist. Mein Sportprogramm ist auf Fitness und Gesundheit ausgerichtet.

Ich werde immer wieder gefragt, wie und was ich täglich trainiere. Ein typisches Training gibt es bei mir in dem Sinne so nicht. Eine Partie Tennis mit meinen beiden Söhnen, die ungefähr das gleiche spielerische Level haben wie ich, ist beispielsweise ziemlich anstrengend, weil wir zwei Stunden um jeden Ball kämpfen. Danach bin ich meist einigermaßen platt.

Draußen in der Natur bewege ich mich eigentlich am liebsten. Ich jogge dann ein paar Kilometer durch den Wald und absolviere danach noch mein Stretching-Programm. Ins Fitnessstudio gehe ich auch, meist für eine Stunde aufs Laufband oder aufs Fahrrad. Danach Gymnastik auf der Matte. Beispielsweise Spagat links und rechts und im Anschluss noch etwas Krafttraining. Jeden Tag ist eine andere Körperpartie dran. Mal Arme, mal Bauch und Beine, mal Rücken. Alles ausgewogen. Wenn ich unterwegs bin und es im Hotel kein Gym gibt, mache ich zum Beispiel ein Kick-Workout, bis ich richtig warm bin, danach Stretching und Schattenboxen, oder ich ziehe mir den EasyMotionSkin-Anzug an, mit dem ich wunderbar auf engstem Raum ohne Kabel und Einschränkungen trainieren kann. Cooles Teil! So trainiere ich jeden Tag irgendeine andere Variation mit etwas Power, um meinen Kreislauf in Schwung zu bringen und meinem Körper etwas Gutes zu tun.

Ich kann allen Menschen, vor allem aber auch allen jungen Leuten, nur wärmstens ans Herz legen, Sport zu machen, denn in der heutigen Zeit sitzen die Jugendlichen ja oft viele Stunden an ihren Computern, Handys oder Spielkonsolen und bewegen sich viel zu wenig. Sogar schon kleine Kinder leiden immer öfter an Übergewicht und damit verbunden immer häufiger an Diabetes. Der einfache Grund: Bewegungsmangel.

Der größte Feind sitzt in einem selbst. Wir kennen ihn alle als inneren Schweinehund. Den muss man überwinden, sich aufraffen, die Entschuldigungen vor sich selbst nicht mehr akzeptieren und verinnerlichen, dass der Körper und die Gesundheit einfach das wichtigste Gut sind. Kein Geld der Welt, kein Wohlstand, kein Erfolg nützt dir etwas, wenn du nicht mehr gesund bist. Man kann sich vieles kaufen, die Gesundheit gehört nicht dazu.

Mein Wunsch ist es, bis ins hohe Alter Sport treiben zu können. Nicht nur, weil es vielleicht zusätzliche Lebensjahre bringt, sondern weil es mich einfach glücklich macht.

Kapitel 5:
Einmal Himmel und zurück – das große Glück hat mich erst in der Niederlage gefunden

Die Dreharbeiten für »Sterne des Südens« lenkten mich vom Verlust meiner geliebten Oma und dieser tiefen in mir wohnenden Traurigkeit ab. Neue Länder, neue Menschen und ein aufregender Job trugen das Ihre dazu bei, mich wieder auf die Spur zu bringen. Wann immer ich an meine Oma dachte, fasste ich kurz an ihren Ring, den ich an einem Goldkettchen um meinen Hals trug, und hörte sie sagen: »Marko, das Leben meint es gut mit dir. Und solltest du manchmal zweifeln, mach weiter und gib nicht auf. Wie früher als mein kleiner Junge. Auch wenn du mich nicht siehst, ich bin da und beobachte dich von hier oben, bis wir uns auf der anderen Seite wiedersehen.« Das zauberte mir ein Lächeln ins Gesicht, und ich konnte mich wieder in meinen neuen aufregenden Alltag stürzen.

Und der hatte es in sich. Wir reisten durch die Welt, ich lernte neue Länder, neue Sitten und natürlich neue spannende Menschen kennen. Vor allem lernte ich Demut und Dankbarkeit. Dankbarkeit gegenüber dem Schicksal, dem Zufall oder einfach gegenüber meinem persönlichen Glück, welches es mir ermöglichte, an wunderschönen Orten eine TV-Serie zu drehen, während Milliarden andere Menschen auf der Welt in dunklen Fabriken, auf lärmenden Baustellen oder in stickigen Büros ihrem Broterwerb nachgehen mussten. Ehrlicherweise sei an dieser Stelle aber erwähnt, dass nicht jeder Film- oder Fernsehdreh meines Lebens so spannend und angenehm wie der zu »Sterne des Südens« war. Wir taten damals einfach das, was wir am besten konnten, wurden dafür bezahlt und das an Orten, wo die Menschen hinkommen, um Urlaub zu machen. Jackpot!

Ein ebenso großes Glück war, dass ich meine ersten Schritte im Fernsehgeschäft an der Seite des Regisseurs und Produzenten Berengar Pfahl machen durfte. Der Mann, der mich in der »Rudi Carrell Show« entdeckt hatte, wurde schnell zu einem wichtigen Mentor für mich und ließ mich an meinen neuen Aufgaben wachsen. Er war ein Herzensmensch, der sich um sein Team kümmerte, kein kühler TV-Macher. Von der zweiten Gattung durfte ich später in meiner Karriere noch das eine oder andere Prachtexemplar kennenlernen.

Nie werde ich den Dreh zur ersten Folge in Griechenland vergessen. Wochenlang hatte ich auf den Drehbeginn hin gefiebert, und ich gebe zu, ich war sehr gut vorbereitet, als die erste Klappe fiel. In mancherlei Hinsicht möglicherweise einen Tick zu gut. Damit möchte ich nichts anderes sagen, als dass ich das gesamte Buch auswendig gelernt hatte. Einfach alles. Jede Rolle, jeden

Dialog, jede Zeile. Wenn einer meiner Kollegen einen Texthänger hatte, kein Problem. Ich soufflierte ihm die Zeile, und alle waren einigermaßen baff. Berengar grinste mich an und fragte mich, warum ich den kompletten Text auswendig gelernt hätte. »Ich wollte auf Nummer sicher gehen«, entgegnete ich lächelnd. Berengar verstand. Er spürte meinen Willen, dass ich einfach optimal abliefern wollte, und dafür auch bereit war, die Extrameile zu gehen. Danach habe ich das natürlich nicht mehr gemacht, aber die erste Episode hätte ich so gesehen alleine spielen können. Zumindest was die Textinhalte angeht.

Der Dreh der ersten Folgen war so aufregend wie lehrreich für mich. Berengar erklärte mir alles, was die Arbeit vor und hinter der Kamera anging, und gab mir viele wertvolle Tipps. Er ließ mich gewissermaßen am gesamten Entstehungsprozess des Films teilhaben. Überhaupt war er in vielerlei Hinsicht besonders. Wir Schauspieler durften mit ihm sogar die sogenannten Muster der abgedrehten Szenen anschauen, was sonst eher unüblich ist, das behält sich der Regisseur in der Regel allein vor. Für mich war es eine super Erfahrung, weil ich dadurch lernen konnte, in welcher Wiederholung der Einstellung ich was gemacht hatte, was am Ende gut rüberkam. Das schulte meine Intuition und das Gefühl für mein eigenes Spiel. Im Sport kommt heute überall Videoanalyse zum Einsatz. Der Sportler sieht im Video genau Fehler wie positive Aspekte. Ein Schauspieler kriegt die schlechten Takes jedoch eher nie zu sehen, da der Regisseur im Schneideraum allein die besten auswählt und im Film platziert. Dadurch beraubt man die Schauspieler eigentlich auf eine gewisse Art der Möglichkeit, das Gespielte zu analysieren und zu verbessern. Das ist zwar zugegebenermaßen auch nicht die Aufgabe einer Filmproduktion, die Zeit dafür ist meist auch überhaupt nicht da. Berengar gab uns aber diese Chance, und für mich war sie Gold wert.

Wir drehten in der Regel von Montag bis Freitag. Eigentlich vom Wochenrhythmus nicht anders als bei jedem anderen Erwerbstätigen auch. Der große Unterschied war im Grunde nur die Abhängigkeit vom Wetter bei den Außenaufnahmen. Aber das war nie ein Problem. Wenn Berengar fragte, ob wir vielleicht am Wochenende drehen könnten, da das Wetter unter der Woche nicht so gut werden sollte, erhielt er vom gesamten Team immer einen Daumen nach oben. Dafür gab er uns den Montag frei. Selbst wenn er das nicht gemacht hätte, wir hätten trotzdem am Wochenende gedreht, weil das ganze Team extrem motiviert war. Ich erinnere mich, dass wir einmal sogar zehn Tage am Stück gedreht haben. Das hat keinen gejuckt. Es war für alle ein großer Spaß, in dieser unschlagbaren Atmosphäre in wunderschönen Clubs direkt am Meer arbeiten zu dürfen.

Wie bereits erwähnt war Berengar Pfahl ein durch und durch liebenswerter Mensch, der auch abseits des Drehs und der kreativen Arbeit mit verrückten Inszenierungen zu überraschen wusste. Legendär waren dabei seine Abschlussfeste für das Team. Ich werde nie unseren Abreisetag aus Kreta vergessen, nachdem wir nach mehreren Wochen Dreh die erste Folge im Kasten hatten. Wir waren gerade alle gemeinsam auf dem Weg zum Flughafen, als Berengar uns ganz unerwartet eröffnete, dass wir nach der Landung ein Abschlussfest in der Zentrale in Frankfurt feiern würden. »Ihr habt alle so toll gearbeitet, und es war wirklich eine schöne Zeit mit euch. Das habt ihr euch mehr als verdient.« Als wir dann im Flugzeug saßen, drückte er jedem aus dem Team, ob Darsteller oder Crew-Mitglied, aus heiterem Himmel ein Kuvert in die Hand. »Eine kleine Anerkennung für eure klasse Leistung. Ihr habt der Produktion durch eure Arbeit eine ganze Stange Geld eingespart, und die möchte ich mit euch teilen.« Ich riss dem Umschlag auf und traute meinen Augen nicht, als ich plötzlich 1000 Mark in meinen Händen hielt. Alle hielten 1000 Mark in ihren Händen. Es war unfassbar. Ich war baff, gerührt und glücklich zugleich. Das war damals ein wirklich unglaublicher Batzen Geld für mich, den ich mehr als gut gebrauchen konnte. Ein wahrer Gänsehautmoment! Ich werde auch das Strahlen und die vor Freude funkelnden Augen meiner Teammitglieder nie vergessen. Jeder kann sich die ausgelassene Stimmung im Flugzeug vorstellen, bis es plötzlich hieß, wir müssten auf dem Weg nach Frankfurt eine Zwischenlandung in Venedig einlegen. Alle schauten sich für einen Moment fragend an. Auch Berengar Pfahl schien irritiert zu sein. »Was ist denn jetzt los?« Der Rest ist schnell erzählt: Auch das war eine der unerwarteten Wendungen in der Inszenierung des Herrn Pfahl. Wir landeten in Venedig und wurden in das beste 5-Sterne-Hotel der Stadt chauffiert, wo wir zuerst einen Begrüßungsdrink in die Hand gedrückt bekamen. Berengar hielt einen kurzen Toast und eröffnete uns schelmisch lächelnd: »Ihr habt so gut gearbeitet, und darum schenke ich euch dieses verlängerte Wochenende hier in Venedig. Die Kollegen vom Club Aldiana kommen auch extra noch aus Frankfurt dazu, und wir feiern alle gemeinsam hier Karneval. Sonst habt ihr das ganze Wochenende zur freien Verfügung. Genießt es, lasst es euch gut gehen und noch mal herzlichen Dank.« Beifall brandete auf. Glückseligkeit beschreibt die Emotion des Moments wahrscheinlich am besten; ein purer Augenblick des ungetrübten Glücks.

Wenn Sie jetzt denken, dieses Abschlussfest war ein einzigartiges Erlebnis, dann gebe ich Ihnen absolut recht, aber Berengar wäre nicht Berengar gewesen, wenn er uns nur einmal überrascht hätte. Auch nach dem Dreh in Tunesien organisierte er ein sehr spezielles Finale, und im Senegal kam es zu einem außergewöhnlichen musikalischen wie emotionalen Highlight. Der senegalesische Musiker Youssou N´Dour, der zwei Jahre später im Duett mit Neneh Cherry mit dem Song »Seven Seconds« weltberühmt werden sollte, trat an diesem Abend mit seiner Band unter einem tausend Jahre alten Baum auf. Ein unvergessliches und beeindruckendes Erlebnis, an das sich jeder, der damals dabei war, ein Leben lang gerne erinnern wird.

»Sterne des Südens« war einer der wichtigsten und glücklichsten Abschnitte meines Lebens, der mich genau dort auffing, wo ich durch den Tod meiner Oma gestrandet war. Während dieser Zeit wurde ich auch zum ersten Mal Vater, und mein Sohn Aaron war schon als

Baby beim Dreh 1993 mit in der Türkei dabei. Lustigerweise bekam auch Christoph, die von mir verkörperte Figur in der Serie, einen Sohn. Mein Filmsohn hieß Jonathan und war ungefähr gleich alt wie Aaron. Ich war also einmal mehr perfekt auf meine Rolle vorbereitet.

Meine Karriere kam jetzt so richtig in Fahrt. Neben »Sterne des Südens« erhielt ich 1992 das Angebot, Manfred Krug im Hamburger »Tatort« als Kommissar abzulösen. Dieser hatte angekündigt, die Serie aus Termingründen verlassen zu wollen, weil er zu dieser Zeit auch noch Hauptdarsteller von »Liebling Kreuzberg« war. Ich musste nicht lange überlegen und unterschrieb den Vertrag. Wenige Tage vor Drehbeginn erfuhr ich von der Produktion, dass Manfred Krug nun doch weitermachen wolle und ich zusammen mit Charles Brauer seinen Assistenten geben sollte. Ich war zugegebenermaßen nicht wirklich begeistert von den Neuigkeiten, zumal ich in der Außendarstellung ja bereits als Nachfolger angekündigt worden war. Im ersten Moment dachte ich mir: »Mensch, du hast doch einen Vertrag als Hauptdarsteller, das können die doch so einfach gar nicht mit dir machen.« Irgendwie können sie es dann aber doch. Ich lernte schnell dazu, wie Verträge in diesem Geschäft gehandhabt werden können, und entschloss mich schließlich, die Nebenrolle zur lukrativen Hauptrollengage zu übernehmen. An der Seite von Manfred Krug und Charles Brauer zu spielen war zudem eine hochwertige Erfahrung mit tollen Kollegen. Mein Vertrag ging über vier »Tatort«-Folgen. Dabei blieb es dann auch. Zur selben Zeit übernahm ich eine Hauptrolle in der Serie »Einsatz für Lohbeck« mit Jürgen Schmidt. Die beiden Staffeln entstanden von 1993 bis Ende 1994 in Duisburg. Dazu noch »Sterne des Südens«. Man könnte sagen, ich war damals ziemlich ausgebucht.

Ende 1995 hörten wir mit »Sterne des Südens« auf. Berengar Pfahl, mein Mentor und der Macher der Serie, fand, dass vier Staffeln und 42 Folgen erst einmal reichen sollten. Ich verstand ihn gut. Nach fünf Jahren war es an der Zeit, zu neuen Ufern aufzubrechen. Für mich waren die »SDS«-Jahre eine unfassbar schöne, glückliche und spannende Phase meines Lebens, in der ich nicht nur wahnsinnig viel gelernt und erlebt, sondern auch ein sehr gutes Honorar erhalten habe.

Da mein Manager Michael Jeckel über die Jahre sehr viel Geld in meine Musikkarriere investiert hatte, beschlossen wir, obwohl ihn die Schauspielerei anfangs nicht so wirklich interessiert hatte, einen Großteil meiner TV-Gagen dazu zu verwenden, seine Investments wieder einzuspielen. Als dieser Punkt erreicht war, trennten sich unsere gemeinsamen Wege, und es war Zeit für die nächste Stufe. Ich bin Micha sehr dankbar, dass er schon sehr früh an mich geglaubt und mich von Anfang an unterstützt hat. Wir haben in unseren fast zehn gemeinsamen Jahren sehr viele schöne und witzige Momente erlebt, an die ich immer zurückdenken werde.

***

Eine erneute schicksalshafte wie positive Fügung in meinem Leben sollte schließlich bei einem Event in

Köln auf mich warten. Ich war zu diesem Zeitpunkt zwar als Schauspieler gut gebucht, hatte aber weder Management noch Agentur. An diesem besagten Abend lernte ich die Künstleragentin Ica Souvignier kennen. Wir mochten uns auf Anhieb. Ica fackelte nicht lange und sagte mir direkt auf den Kopf zu: »Schätzchen, du brauchst dringend eine gute Agentur. Komm zu mir, ich mach das für dich!« Ica hatte zu diesem Zeitpunkt mit die beste TV-Agentur in Deutschland. Sie betreute nicht nur Marijke Amado, die Moderatorin der beliebten »Mini Playback Show«, und Deutschlands Talk-Show-Ikone Bärbel Schäfer, sondern managte auch einige bekanntere deutsche Schauspieler. Ica war nicht nur der absolute Kracher als Mensch, sondern auch geschäftlich eine Granate und damit ein unfassbarer Glückstreffer für mich. Schon wenige Tage, nachdem wir uns kennengelernt hatten, nahm sie mich auf eine Karnevalssitzung mit, bei der ich mit dem damaligen RTL-Chef Helmut Thoma, seinem Programmdirektor Marc Conrad und anderen hochkarätigen Medienleuten am Tisch saß. Es war ein super Abend. Wir haben uns alle bestens unterhalten und viel gelacht. Plötzlich sagte Helmut Thoma zu mir: »Also, Herr Keller, Sie sind ja wirklich ein super Typ, aber das mit der ARD, das gefällt mir gar nicht. Sie müssen zu einem richtigen Sender, zu uns, zu RTL. Da müssen wir etwas machen.« Daraufhin meinte Ica zu ihm: »Ja, Helmut, was machen wir denn da, Schätzchen?« Thoma antwortete ganz lässig: »Dann werde ich ihm mal ein Angebot machen, das er nicht ablehnen kann.« Das tat er wenig später auch.

Ich bekam einen Exklusiv-Vertrag mit RTL, der eine eigene Serie, vier TV-Movies sowie einen Kinofilm beinhaltete. Das alles für eine Gesamtsumme, die mich wahrlich umhaute. Helmut Thoma hatte also Wort gehalten. Ica grinste mich nur an, als sie mir den Vertrag überreichte, und sagte: »Schätzchen, das habe ich dir doch gesagt.«

»Alarm für Cobra 11 – Die Autobahnpolizei« war eine Action-Serie, die mir wie auf den Leib geschrieben war. Wir begannen Ende September 1996 mit den Dreharbeiten und hatten im Durchschnitt bei jeder Ausstrahlung 11 Millionen Zuschauer. Das sind Einschaltquoten, die man sich heute gar nicht mehr vorstellen kann. Es war die erfolgreichste Serie von RTL, die es damals gab, und das über Jahre hinweg. Nach 34 Folgen konnte und wollte ich aber nicht mehr. Es war mittlerweile 1999, und ich spürte eine tiefe Müdigkeit in mir. Ich hatte fast zehn Jahre nonstop gedreht, hatte für nichts anderes mehr Zeit. Nicht einmal für meine Familie und meine beiden Söhne. Also entschied ich mich, »Alarm für Cobra 11« aufzugeben, um wieder etwas mehr Zeit für meine Jungs freizuschaufeln. Mein Ziel war es, mit weniger Arbeit genauso viel Geld zu verdienen. Apropos verdienen. Nachdem ich meiner Agentin 20 Prozent bezahlt hatte, lieferte ich 56 Prozent vom Rest beim Finanzamt ab. Irgendwie hatte ich gehofft, nach einer so langen gut bezahlten Phase etwas auf die Seite packen zu können. Leider musste ich feststellen: Dem war nicht so! Allein meine Reisekosten, auch um die Familie zwischendurch öfter mal zu sehen, waren horrend, und am Ende ist auch von meiner Gage für »Alarm für Cobra 11« leider nicht sehr viel übrig geblieben.

Einer meiner Pläne war es immer, irgendwann eigene Stoffe zu entwickeln, um diese dann selbst zu produzieren. Ich begann, während ich noch für »Alarm für Cobra 11« drehte und gut verdiente, mein nach allen Kosten und Abzügen übrig gebliebenes Geld in Drehbücher zu investieren. So habe ich mit meinem Team in dieser Zeit auch einige quotentechnisch erfolgreiche Fernsehfilme entwickelt, geschrieben und realisiert. Allerdings haben damals Til Schweiger und einige andere bekannte Schauspielkollegen nahezu nur Kinofilme gedreht. Das wollte ich auch, das war mein erklärtes nächstes Ziel: den Sprung auf die große Leinwand zu schaffen. Gemeinsam mit meiner Agentin Ica Souvignier und dem Musikverleger George Glueck gründeten wir hierfür die Filmproduktionsfirma Two Guys And A Girl Entertainment. Frei nach Billy Wilder, der schon vor vielen Jahren sagte: »Um einen guten Film zu machen, brauchst du drei Dinge – ein gutes Buch, ein gutes Buch und ein gutes Buch«, habe ich mich überall nach außergewöhnlichen Stoffen und Drehbüchern umgeschaut. Fündig wurde ich schließlich in den USA. Dort erwarb ich das Originaldrehbuch *Family Reunion* des bekannten Autors Ron Peer. Ich war auf der Stelle begeistert von der Geschichte über das kleinkriminelle Gaunerpärchen Gwen und Peter, das vom großen Geld und dem gemeinsamen Glück träumt. Meine Gangsterbraut spielte Jasmin Gerat. Oscar-Preisträger Maximilian Schell und Kultdarsteller Burkhard Driest sind nur zwei weitere schillernde Beispiele für die überragende Besetzung von »I love you Baby«, wie der Film am Ende heißen sollte. Wir waren alle heiß und wollten nichts anderes, als diesen Film zu machen. Mit unserem kollektiven Spirit der Begeisterung konnten wir in relativ kurzer Zeit die Finanzierung schließen und haben 1998 schließlich den Film gedreht. Ab diesem Moment lief alles jedoch etwas anders, als wir uns das vorgestellt hatten. Unser Verleih Warner Brothers hatte einige internationale Großprojekte, die langfristig mit Riesenbudgets geplant waren und nach und nach auf den Markt gebracht wurden. Wir waren gefangen in dieser Warteschlange. Schließlich kam der Film am 20. April 2000 in die Kinos. Das Wetter in diesen Tagen war herrlich, kein Mensch wollte da nach einer monatelangen Winterperiode im Kino hocken. Niemand wollte den Film sehen, und wir endeten nach einigen Tagen bei ein paar Tausend zahlenden Zuschauern, bevor die Kinos den Streifen wieder aus dem Programm nahmen. Was die Presse damals schrieb, kann man sich lebhaft vorstellen: »Mark Keller versucht sich als Produzent und ist krachend gescheitert.« Das zu lesen war nicht schön, aber es entsprach der Wahrheit. Wer in guten Zeiten den Applaus genießt, muss auch bei Gegenwind die Häme ertragen können.

Überhaupt ist Gegenwind etwas, mit dem man in der Medienbranche über die Jahre umzugehen lernt. Umzugehen lernen muss. Anders verhielt es sich mit meiner finanziellen Situation, die ich einfach nicht in ruhigere Fahrwasser steuern konnte. Ich hatte mich bei der Gründung unserer Produktionsfirma »Two Guys And

A Girl Entertainment« überreden lassen, die Geschäftsführung zu übernehmen, da der Film ja vor allem mein Baby war. Ich wollte so einen Posten eigentlich nie, da ich davon überhaupt keine Ahnung hatte. Man versicherte mir aber, dass man mir einen Prokuristen zur Seite stellen werde, der die ganzen Business-Geschichten für mich übernehmen sollte. In guten Zeiten war das auch so. Jetzt, wo das Kind allerdings in den Brunnen gefallen, sprich der Film gefloppt war, klaffte ein dickes Minus auf dem Konto, vor allem auch auf meinem privaten. Ich hatte nun zwei Möglichkeiten. Aufgeben – oder Gas geben und das Geld wieder verdienen und zurückzahlen. Ich entschied mich klar für Zweiteres. Aber wie? Ich hatte zu dieser Zeit keine Rollen, keine Jobs, keine Serie, und von den vielen Schulterklopfern und vermeintlichen Freunden war ebenfalls keiner mehr da. Wo waren all die Menschen, die sich immer mit mir treffen wollten, und all die Kollegen, die sich durch mich Vorteile erhofften? Sie waren wie vom Erdboden verschluckt. Das war eine Erfahrung, die ich nur aus Erzählungen anderer kannte, und nun war ich mittendrin statt nur dabei.

Es gab natürlich auch Ausnahmen. Einer, der mich nicht mied wie der Teufel das Weihwasser, war mein alter Freund Til Schweiger. Er blieb dabei: »Mark, das war ein geiler Film. Wenn ich etwas für dich tun kann, sag Bescheid.« Er konnte mich natürlich jetzt auch nicht vollbeschäftigen, aber er schob mir immer wieder mal eine Rolle in einem seiner Filme zu. So damals auch in »Barfuß«, seiner romantischen Tragikomödie.

Mit Ica und unserer gemeinsamen Produktionsfirma ging alles endgültig in die Brüche, nachdem im Jahr 1999 ein weiteres Projekt, das ich für SAT.1 mitentwickelt hatte und das fest zugesagt war, schließlich anderweitig realisiert wurde. Unfassbar. Ich war zu diesem Zeitpunkt an einem absoluten Nullpunkt angekommen, musste dann doch einiges falsch gemacht haben. Aber war dieser finanzielle Nullpunkt für mich auch ein menschlicher? Nein, keineswegs, ganz im Gegenteil. Ich realisierte vielmehr, dass das kleine, aber eigentlich das wahre Glück nach wie vor fest an meiner Seite war. Durch die berufliche Flaute hatte ich plötzlich Zeit für meine Jungs, die ich vorher nie hatte. Ich genoss es, morgens von meinen zwei kleinen langhaarigen Monstern geweckt zu werden. Wenn ich in ihre glücklichen, lachenden Augen sah, spürte ich ihre bedingungslose Liebe. Sie liebten mich mit oder ohne Geld. Für sie war alles unbeschwert und leicht. Sie waren fröhlich, und ihre Energie ging auch auf mich über. »Komm, Papa, aufstehen! Wir gehen frühstücken!« Sie merkten gar nicht, dass ihr Vater gerade nicht wusste, wie er das Frühstück und die Miete bezahlen sollte. Das wusste ich manchmal wirklich nicht. Meine Frau Tülin war schon erkrankt und meine Jungs gerade erst fünf und acht Jahre alt. Aber Aaron und Joshua gaben mir die Kraft und Motivation weiterzumachen. Jeden einzelnen Tag.

Die Situation gestaltete sich jedoch zunehmend immer düsterer. Die Geldinstitute wurden langsam nervös und gaben mir keinen Pfennig mehr. Bei meiner Bank in Pfullendorf saß zum Glück noch immer mein

Freund Hermann Stengele. Er half mir, so gut er konnte, sodass mir wenigstens noch etwas Luft blieb und ich ein bisschen Geld hatte, damit die Miete überwiesen werden konnte. An dieser Stelle sei erwähnt, dass Hermann vom ersten Tag bis heute als Freund an meiner Seite stand und mich immer unterstützt hat, in guten wie in schlechten Zeiten. Er war einer der wichtigsten Fixpunkte in meiner Karriere, auch wenn er nie im Vordergrund stand. Ohne so einen Menschen an seiner Seite wäre eine Karriere wie meine nicht möglich gewesen. Auch seiner Frau Margarete einen herzlichen Dank. Sie schmiss mein Büro und erledigte 25 Jahre lang alle meine administrativen Dinge. Die Familie Stengele ist gefühlt ein Teil der Familie.

Eines war zu diesem Zeitpunkt aber natürlich sonnenklar: Ohne Einnahmen konnte es nicht lange so weitergehen. Ich rannte sprichwörtlich von Pontius zu Pilatus, um irgendwo einen Job aufzureißen. Aber es war kein einziger Dreh am Horizont zu erkennen. Das Übelste dabei war, dass ich durch meine Trennung von Ica nicht einmal mehr eine Agentur hatte.

Dann geschah etwas aus heiterem Himmel, was für mein Leben nicht untypisch war. Bei einem Event lernte ich Willi Weber kennen, den damaligen Manager von Michael Schumacher. Mehr Jackpot geht eigentlich nicht. Michael war gerade dabei, seinen sechsten WM-Titel einzufahren, und Willi Weber galt als einer der heißesten Manager auf dem Planeten. Willi nahm mich unter Vertrag, und alleine die Nachricht an die Banken, dass der als »Mister 20 Prozent« bekannte WW mich nun vertrat, führte dazu, dass sie mir eine deutlich längere Leine ließen. Willi war ein Mann des großen Geldes. Etwas, das es in der deutschen TV-Industrie so nicht zu verdienen gab: Im Vergleich zur Formel 1 geht es da nur um Peanuts. Willi schaffte es dennoch, für mich einen Werbevertrag mit meinem Freund, dem damaligen Bäckerei-Mogul Heiner Kamps, abzuschließen, was mir wieder eine Brise Luft unter die Flügel brachte und etwas finanziellen Druck von mir nahm. Willi Weber ist ein wahnsinnig netter, lustiger und super vernetzter Mensch, dem ich sehr dankbar dafür bin, was er damals für mich gemacht hat. Für das Film- und TV-Geschäft war er allerdings der Falsche, da er zwar im Rennsport jeden Entscheider und alle Kniffe kannte, in der Filmbranche dagegen nicht.

Auf meiner Suche nach einer neuen Agentur kam einmal mehr von Til Schweiger der entscheidende Impuls. Er rief die renommierte Hamburger Schauspielagentin Angelika Reuter an und machte sich für mich stark. Til sagte zu mir: »Melde dich bei ihr. Sie weiß Bescheid und findet dich gut.« Ich bin Til unglaublich dankbar für diesen Kontakt, denn Angelika ist eine herausragende Agentin, die mich heute noch vertritt. Damals allerdings war es auch für sie sehr schwer, mich in irgendeinem Projekt unterzubringen, da mich zu diesem Zeitpunkt einfach keiner wollte. So begann ich zusammen mit meinem alten Freund Elmar Schäfer, mit dem ich über die Jahre schon einige Drehbücher geschrieben und realisiert hatte, an einem neuen Stoff zu arbeiten. Mit von der Partie war auch mein Kumpel Heiner

Lauterbach, den ich sowohl als Schauspieler als auch als Mensch sehr schätze. Der Film hieß »Andersrum« und war eine kleine spritzige Komödie über zwei sehr unterschiedliche Männer. Aber auch dieses Buch zu finanzieren gestaltete sich am Anfang deutlich mühsamer als zu früheren Zeiten. Dann passierte allerdings wieder einer dieser unvorhersehbaren Momente. Ein Bekannter lockte mich zum Opernball nach Frankfurt und versprach mir dafür eine Aufwandsentschädigung von 1000 Euro. So was nahm ich damals gerne mit, da es einfach wieder etwas zusätzliches Taschengeld war, das es mir ermöglichte, mit den Kids ab und zu etwas zu unternehmen.

Dieser Opernball hatte es jedoch in sich. Anfangs war ich noch nicht so wirklich in der Stimmung für eine solche Veranstaltung. Es geht dabei ja schließlich vor allem darum, zu sehen und gesehen zu werden, und ganz ehrlich, sich auf so einem Event zu präsentieren macht mehr Laune, wenn du gerade erfolgreich bist. Doch dann kam es zu einer schicksalhaften Begegnung mit meinem bis heute herausragenden Freund und Unterstützer Jürgen B. Harder. Jürgen saß damals in einer Runde umringt von lauter Frauen. Plötzlich bat man mich zu ihm an den Tisch, da diese Frauen ganz offensichtlich ein Foto mit mir wollten. Wie es schien, kannte Jürgen mich nicht und fragte in leichtem Pfälzer Akzent: »Wer bisch denn du? Die ganze Fraue sind wuschig wege dir.« Es wurde ein extrem lustiger Abend, an dem wir viel lachten und über Gott und die Welt sprachen. Auch über mich, meine Vergangenheit und meine aktuellen Baustellen. Ich schwärmte ihm auch von unserem Projekt »Andersrum« vor. Er lachte sich kaputt, als ich ihm den Inhalt halb vorspielte. Plötzlich sagte er aus heiterem Himmel und völlig unverhofft: » Ach, da hab ich Lust drauf. Den finanziere ich dir.« Ich glaubte zunächst an einen Hörsturz, meinte er das wirklich ernst? Ja, er meinte es ernst. Er gab mir an diesem Abend die Hand darauf, diesen Film mit mir zu realisieren, und es geschah alles genau so, wie er es mir versprochen hatte. Ich hatte in diesem Moment das Gefühl, dass dieses spezielle Glück, das mich zeit meines Lebens meistens begleitet hatte, dabei war, zu mir zurückzukehren.

Jürgen finanzierte den Film, und wir hatten einen unfassbar guten Cast: Heiner Lauterbach, Heinz Hoenig, Rolf Zacher, Erol Sander und Sandra Speichert sagten alle zu. Das Verrückte dabei war, dass wir weder einen Sender noch einen Verleih hatten. Jürgen vertraute uns, dass wir das schon hinkriegen würden. Und er sollte recht behalten. Fünf Tage vor Drehbeginn saß ich mit Heiner Lauterbach im maca_ronni in Köln. Wir lachten wie die Bekloppten über unsere eigenen Szenen aus »Andersrum«. Plötzlich stand ein Mann vor uns, der sich als Dejan Josic vorstellte. Er sagte, er sei der Geschäftsführer von Pro7. Ja klar, dachte ich bei mir, der Chef von Pro7. Papst wäre noch eine Steigerung gewesen. Sekunden später war klar, er war wirklich der Chef von Pro7. Und wollte wissen, über was wir uns die ganze Zeit totlachen. Ich pitchte ihm kurz unsere Geschichte, und er fragte mich, warum der Film nicht bei Pro7 sei. Ich entgegnete: »Weil Ihr Sender sich nicht bei uns gemeldet hat.« Er wollte wissen, wie viel wir dafür haben wollen. Nachdem ich ihm eine grobe Hausnummer genannt hatte, antwortete er ohne zu zögern: »Gekauft.«

Am darauffolgenden Montag flog ich zu ihm nach München. Wir einigten uns auf einen Vertrag und gingen danach zu Jürgen B. Harder. Ich sagte zu Jürgen: »Stell dir vor, wir haben den Film verkauft!« Jürgen schaute mich an, strahlte über das ganze Gesicht und meinte: »Ich wusste es. Ich habe ein gutes Gespür für Menschen und Business!« Jürgen, der erstmals einen Film produzierte, hatte sichtlich Spaß an den Dreharbeiten. Das galt gleichermaßen auch für die Darsteller und das ganze Team. Jürgen ist ein wirklich feiner Kerl. Er ließ sich in Sachen Catering und Abendessen nicht lumpen. Jeden Abend lud er die ganze Crew in ein tolles Restaurant ein. Wir haben sogar einmal an einem Tag den Dreh abgebrochen, damit wir pünktlich beim Essen sein konnten. Verrückt! Auch sonst wurden alle sehr fair und großzügig entlohnt. Extratage wurden auch extra bezahlt. Jeder, der dabei war, konnte nach dem Dreh nur Positives berichten. Belohnt hat uns dann zudem auch das Ergebnis: »Andersrum« wurde eine der erfolgreichsten Eigenproduktionen von Pro7 im Jahre 2005.

Der Film gab mir auch finanziell wieder etwas Luft. Ich konnte meinen Rückzahlungsverpflichtungen an die Bank nachkommen und hatte zumindest wieder für einige Monate mein Leben dahingehend zurück, dass ich mir nicht jeden Morgen Sorgen machen musste, wie ich die kommenden Tage bezahlen kann. Natürlich war die Situation auch kein Ruhekissen, aber immerhin die erste Stufe für die zweite Chance. Ich musste schauen, dass ich meine finanzielle Schieflache bereinige, und das ging natürlich am besten mit neuen lukrativen Jobs. Um diese zu finden, war es keine Option, so sehr ich meine Heimat auch liebe, in Überlingen zu sitzen und zu warten, dass mich jemand anruft. Um sich interessant zu machen beziehungsweise einfach bei den Entscheidern im Gespräch zu bleiben, muss man raus, Leute treffen und sich zeigen. Hier kam wieder mein kleines Glück ins Spiel. Mein Freund Paul von Schubert bot mir an, bei sich in Köln wohnen zu können, damit ich in der Fernsehmetropole nahe am Puls der Produktionsfirmen nach neuen Projekten Ausschau halten konnte.

Eines Freitagabends, ich packte gerade ein paar Habseligkeiten zusammen, um über das Wochenende an den Bodensee zu fahren, rief mich der Besitzer der Diskothek Sam´s in Düsseldorf an. Er fragte mich, ob ich spontan auf eine Apfelschorle vorbeikommen wollte. Das mit der Apfelschorle war schon so eine Art Running Gag, da ich ja im Grunde nie Alkohol trinke. Es war an diesem Abend noch nicht so spät, und ich sagte ihm zu, noch auf ein Getränk vorbeizuschauen. Als ich das Sam´s betrat, setzte mich der Besitzer an einen Tisch mit mehreren hübschen Damen und einem einzigen Mann. Ich kannte den Typen nicht. Er war um die zwei Meter groß, hatte einen Pferdeschwanz und sah ein bisschen so aus wie der US-Action-Star Steven Seagal. Der Typ schaute mich unentwegt an. Ich dachte zuerst, er sei der Bodyguard von irgendeinem anderen Gast. Plötzlich sagte er: »Ich kenne dich!« Ich dachte bei mir: »Es kann schon sein, dass du mich vielleicht mal irgendwo gesehen hast und jetzt denkst, dass du mich kennst.« Ich wusste auf jeden Fall nicht, wer er war. Dann meinte er plötzlich: »Achim, du bist doch Achim, der Stuntman!« Nun war mir endgültig klar, dass er mich verwechselt hatte. Eine der jungen Frauen, die mich erkannt hatte, klärte ihn auf, dass ich der Hauptdarsteller der Serie »Alarm für Cobra 11« war. Daraufhin entschuldigte er sich und stellte sich vor. Sein Name war Uwe Reppegather, Geschäftsmann aus Düsseldorf.

Von diesem Zeitpunkt an sahen Uwe und ich uns fast täglich, wir wurden beste Freunde. Nach und nach erfuhr ich, dass Uwe ein sehr erfolgreicher Geschäftsmann war und nach wie vor ist. Als ich ihn einmal fragte: »Wie kann man nur so erfolgreich werden?«, antwortete er mir lächelnd: »Ich war Hauptschüler und habe jeden Morgen den Schulbus verpasst, weil ich verschlafen habe. Damals schwor ich mir, eines Tages reich zu werden, um immer ausschlafen zu können. Und das ist mir gelungen.« Uwe Reppegather hat das Herz am rechten Fleck. Er lachte ab und zu über mich, wenn ich ihm voll Euphorie von einem neuen Filmprojekt erzählte, und sagte dann, dass das TV-Geschäft sehr viel Aufwand und Arbeit für nur wenig Gewinn sei. Das sei in seinem Business doch erheblich lukrativer. Aber er verstand auch, dass die Schauspielerei meine Leidenschaft war.

Uwe half mir damals weitgehend, meine Bankverpflichtungen endgültig in den Griff zu kriegen. Als Erstes rief er bei meiner Bank an, bat die Ansprechpartner, Ruhe zu bewahren, und versicherte, dass er sich persönlich um die Sache kümmern werde. Uwe finanzierte mir zudem einen weiteren Film, diesmal mit dem Comedian Kaya Yanar, der sehr erfolgreich werden sollte: »Wer bremst, verliert«. Uwe und ich sind bis heute enge Freunde geblieben.

Ich danke wem auch immer da oben für dieses unglaubliche Glück, dass ich all diesen wundervollen Menschen begegnen durfte, die mir in den schweren Zeiten zur Seite standen. Ich bin mir sicher, dass nichts im Leben ohne Grund passiert und dass auch diese schwierige Phase wichtig für meine weitere Entwicklung war.

Wie viele andere Menschen vor mir musste ich bitterlich am eigenen Leib erfahren, dass dich die meisten Menschen nach dem beurteilen, was du zu sein scheinst, und nicht danach, was du wirklich bist. Stehst du im hellen Licht des Erfolgs, hast du entsprechend viele Freunde und Schulterklopfer. Schiebt sich ein Schatten vor die Sonne, bekommen viele wortwörtlich kalte Füße und wenden sich von dir ab. Das alte Lied! Für mich war es damals aber eben neu!

Trotz der Niederlage möchte ich diese Zeit heute nicht missen. Ich hätte das kleine Glück, das für mich zum großen Glück wurde, sonst nie in diesem Maße schätzen gelernt. Auch in den schwersten Zeiten hatten wir ein Dach über dem Kopf und was zu essen auf dem Tisch. Ich erinnerte mich an meine Oma, die oft sagte: »Wenn irgendwo eine Tür zufällt, geht woanders eine auf!« Und so war es. Denn genau in diesem Moment meldete sich meine neue Schauspielagentin Angelika Reuter und winkte mit dem Rollenangebot für eine neue Serie, dem »Bergdoktor«. Damit schlug ich ein neues Kapitel in meinem Leben auf.

Kapitel 6:

Der Bergdoktor – oder das große Glück der kleinen Rolle

»Sag mal, Angelika, komme ich da überhaupt vor in der Serie, oder ist das eine Statistenrolle?«, fragte ich meine Agentin am Telefon, nachdem ich das erste Drehbuch zur neu aufgelegten ZDF-Serie »Der Bergdoktor« in der Hand gehalten und es sofort wieder zur Seite gelegt hatte. Die für mich angedachte Figur Dr. Kahnweiler hatte nicht einmal den »Drei-Finger-Test« bestanden. Das bedeutet im Branchenjargon, man blättert das Drehbuch durch, hält an drei beliebigen Stellen an und schaut, ob man die Figur findet. Fehlanzeige, kein Dr. Kahnweiler weit und breit. Angelika beschwichtigte mich und versuchte mir die Rolle schmackhaft zu machen. Dr. Kahnweiler werde der Gegenspieler des Bergdoktors, also eine wichtige Rolle, die im Laufe der Zeit deswegen sicherlich auch größer werden würde. Ich blieb skeptisch. Es waren nur ein paar Drehtage pro Staffel, auf der anderen Seite handelte es sich um eine ZDF-Produktion, und in meiner Kasse herrschte zu diesem Zeitpunkt gähnende Leere. Zufällig traf ich kurz darauf Hauptdarsteller

Hans Sigl auf der »Movie Meets Media«-Party in München. Wir waren uns bis dahin noch nie über den Weg gelaufen und plauschten ein bisschen über Gott und die Welt. Ein paar Tage später sahen wir uns in Ellmau wieder, wo die erste Leseprobe für den »Bergdoktor« stattfand. Hans und ich mochten uns von Beginn an. Das waren gute Voraussetzungen, um miteinander zu arbeiten. Ich dachte noch einmal an die Worte meiner Agentin, an meinen Kassenstand, und ja, vielleicht würde die Rolle ja wirklich noch bisschen größer werden. Drei klare Argumente. Ich sagte zu.

Wir diskutierten im Rahmen der Leseprobe über das Konzept der Serie und über das Verhältnis zwischen den Figuren, dem Bergdoktor Gruber und mir, alias Dr. Kahnweiler. Irgendwie fanden wir es besser, in der Serie Freunde zu werden und nicht Gegenspieler im Sinne von »Good doc, bad doc« zu sein. Während wir uns austauschten, sprach ich immer wieder fiktive Rollendialoge in einer Stimme, die ich kurz zuvor für eine Märchenfigur entwickelt hatte. Auch Axel de Roche, der Regisseur, und die Produzenten freundeten sich mit der Idee an, die Rolle etwas anders anzulegen als vorgesehen. So entstand nach und nach die leicht verrückte Figur des etwas anderen Klinikarztes Doktor Alexander Kahnweiler, wie sie heute noch in der Serie stattfindet. Auch bei den Fans kommt Dr. Kahnweiler mit seiner speziellen Art offensichtlich gut an.

Keiner hat je damit gerechnet, dass der »Bergdoktor« über so viele Jahre so erfolgreich laufen würde. Es war zunächst eine Staffel als Pilotprojekt geplant, um zu sehen, ob das Serienkonzept überhaupt von den Zuschauern angenommen wird. Alle, vom Sender bis zu den Produzenten, freuten sich extrem über die Quoten der ersten Staffel. Die Serie gibt es nunmehr seit 2008, und sie hat sich bis zum heutigen Tage von Staffel zu Staffel zu einer der erfolgreichsten TV-Serien des ZDF entwickelt. Und immer, wenn der Take-That-Hit »Patience« aus den Fernsehlautsprechern dröhnt, dazu Hans Sigl im uralten grünen Mercedes, den er selbst gerne »Ranzbimmel« nennt, durch die Tiroler Bergstraßen kurvt und es Donnerstagabend Viertel nach acht Uhr ist, dann heißt es: Ab aufs Sofa, die neueste Folge des »Bergdoktor« läuft!

Nicht nur die Serie, sondern auch meine Figur Dr. Alexander Kahnweiler entwickelte sich über alle Staffeln hinweg weiter. Irgendwann Oberarzt, dann Chefarzt, Hochzeit mit Dr. Vera Fendrich, der Tochter des ehemaligen Klinikchefs, und Pflegevater von Jens-Torben Schmidt.

Dadurch, dass ich meine Figur von Anfang an anders spielen durfte, als ursprünglich geplant, ist es jedes Mal ein Lachmuskeltraining beim Dreh. Hans und ich haben einen ganz speziellen Humor, und wenn ich mich in Dr. Kahnweiler verwandle, verändert sich auch meine Stimme, was manchmal bei Kollegen, die nur kurz bei uns drehen und die Serie nie gesehen haben, zu leichten Irritationen führt. Bei Hans und mir gibt es immer viel zu lachen, und wir lieben es, miteinander zu arbeiten. Natürlich übertreibe ich es manchmal auch, beziehungsweise Dr. K., was am Ende zu einigen witzigen Outtakes führt. Ein paar dieser Szenen kann man bei »YouTube« sehen.

Blicke ich heute auf meine Karriere zurück, kann ich es manchmal selbst kaum glauben: Mit meiner verhältnismäßig kleinen Rolle im »Bergdoktor« habe ich einen ähnlichen Erfolg wie früher mit der Hauptrolle in »Alarm für Cobra 11«. Hans sagt immer zu mir, dass ich mir die Rolle nicht selbst kleinreden soll. »Denk mal darüber nach, wie lange du schon den Dr. Kahnweiler spielst und wie lange du in ›Alarm für Cobra 11‹ gespielt hast.« Eine interessante Betrachtungsweise, aber es stimmt natürlich, es ist die längste Serienrolle, die ich je hatte. Die Gage ist nicht die gleiche, aber die Wertigkeit der Rolle ist für mich überragend. Ich sehe es heute als das große Glück der kleinen Rolle. Die Rolle ist mit mir und ich bin an der Rolle gewachsen. Meine Figur ist nach all den Jahren fest im Bewusstsein der Fans verankert. Sie scheinen den etwas verpeilten Klinikarzt zu lieben. Manchmal reicht ein Blick, eine Geste, und schon werde ich am nächsten Tag auf der Straße darauf angesprochen. Noch extremer ist es natürlich bei den Fantagen, die zweimal im Jahr am Wilden Kaiser stattfinden. Da stehst du auf der Bühne vor Tausenden begeisterten Menschen. Die »Bergdoktor«-Fans feiern uns Schauspieler dort so ab, als seien wir eine Alpen-Boy-/Girlgroup für Erwachsene. Das haut mich jedes Mal wieder um. Ich weiß nicht, ob es das bei anderen Serien auch gibt. Ich habe es in meinen über 30 Jahren im Filmgeschäft noch nicht erlebt. Um es mal so zu sagen: Wir haben mit Abstand die besten Fans – und das ist auch gut so! Hans sagte bei der letzten »Bergdoktor«-Gala in Ellmau zu mir: »Mit dem Doktor Kahnweiler hast du deine eigene Marke entwickelt.« Manchmal frage ich mich: »War das wirklich ich, oder war es Dr. Kahnweiler selbst, der aus mir spricht, als sei es das Selbstverständlichste auf der ganzen Welt, den Wirt zu kapern und für seine eigenen Interessen zu instrumentalisieren? Spaß! Aber: Wo ihr recht habt, habt ihr recht, Hans und Martin, meine beiden einzigen Freunde.«

Dass sich die Serie über die vielen Jahre so sensationell entwickelt hat und diese traumhaften Quoten einfährt, liegt natürlich in erster Linie an Hans Sigl. Mit ihm steht und fällt das ganze Projekt. Hans ist der absolute Liebling der Zuschauer, er ist das Fundament der Serie, der Fels in der Brandung. Er ist auch derjenige, der das ganze Team seit Jahren motiviert. Ich finde es bewundernswert, wie er am Set mit den Kollegen und der Crew umgeht. Das Klima während des Drehs ist das Spiegelbild dessen, was die Menschen in der Serie sehen, es ist diese spezielle Form von positiver Energie, die später auch auf den Bildschirmen zu sehen ist und letztendlich den Erfolg ausmacht. Wenn Hans und ich zusammen am Set sind, haben Trübsinn und schlechte Stimmung, wie bereits erwähnt, keinen Platz. Wir blödeln uns durch den Tag und manchmal auch durch die Szenen. Das steht zwischen den Zeilen, nicht im Drehbuch. Es ist unsere eigene interne Chemie. Hans ist der Serienmotor. Er ist 130 Tage in Ellmau am Set, geht jeden Tag mit guter Laune und voller Energie voran und versucht jeden Moment des Drehs zu einer guten Zeit für alle zu machen. Wer die Serie regelmäßig anschaut, weiß, dass ihm das gelingt. Für die Rolle des Bergdoktors ist Hans einfach die Idealbesetzung. Seine ruhige und sympathische Art kommt bei den Zuschauern extrem gut an. Dabei sei seine weibliche Fanbase explizit erwähnt. Die Zuschauerinnen schwärmen sowohl für den TV-Arzt als auch für den Schauspieler. Und manchmal hat man das Gefühl, sie können das gar nicht mehr wirklich voneinander trennen. Wenn das passiert, hast du als Schauspieler so gesehen einen super Job gemacht. Ich hatte einmal eine ähnliche Situation, als ich »Alarm für Cobra 11« spielte. Ich war ja der Draufgänger-Cop von der Autobahnpolizei, und wann immer eine Polizeistreife mich im wirklichen Leben sah, grüßten sie: »Na, alles gut, Kollege?«

Doch zurück in die Tiroler Alpen. Ein weiterer Grund für den Erfolg der Serie »Der Bergdoktor« ist neben den perfekt ausgewählten Darstellern und den emotional wie spannenden Geschichten das Grund-Set-up. Tiroler Bergidylle, wo Tradition und Werte eine große Rolle spielen. Dazu mit Dr. Gruber ein Topmediziner, der aus Ellmau stammt, in New York als Gehirnchirurg gearbeitet hat und bei einem Heimatbesuch aus mehrerlei Gründen beschließt, zurückzukehren und die Bergdoktorpraxis seines ehemaligen Mentors zu übernehmen. Ich als sein Freund Dr. Kahnweiler und mit mir natürlich meine Filmehefrau Dr. Fendrich bieten ihm in der Klinik die Anlaufstation für alle ernsteren medizinischen Belange. So bekommt er von uns zum Beispiel die Laborauswertungen, eine zweite Meinung, oder er operiert schon mal seine Patienten bei uns in der Klinik selbst. Eine Art von Mediziner, wie es ihn im realen Leben eher nicht gibt, aber wie man ihn sich als Patient öfter wünschen würde.

Außerdem lieben die Zuschauer die Geschichte der Familie Gruber, mit all ihren Ecken, Kanten und Konflikten. Natürlich ist es außergewöhnlich, dass zwei Brüder eine gemeinsame Tochter großziehen, aber Martin Gruber hatte damals eben eine Affäre mit Lillis Mutter, der damaligen Noch-Ehefrau seines Bruders Hans. Was auch immer passiert, die Grubers halten stets zusammen und finden für alles eine Lösung. Das vermittelt den Zuschauern das Gefühl: Egal wie schlimm es auch kommen mag, egal wie groß das Problem ist, die Familie ist das Wichtigste und wird immer zusammenhalten. Ich habe oft den Eindruck, je turbulenter die Welt da draußen wird, desto mehr sehnen sich die Menschen nach Werten, nach Stabilität und einer intakten Familie als Anker. Das und einiges mehr bekommen sie bei uns.

Da ich vom Bodensee komme, bin ich in Bezug auf schöne Orte und Regionen von Geburt an verwöhnt, schließlich durfte ich dort aufwachsen, wo andere zum Urlaub hingefahren sind. Die Region um den Wilden Kaiser ist auch eine dieser unglaublich beeindruckenden Gegenden, die manchmal, selbst wenn man direkt davorsteht, wie eine übergroße Fototapete wirkt. Wenn ich drehfrei habe, genieße ich die Berge und damit auch die Ruhe, die von ihnen ausgeht. Ob beim Sport oder einfach bei einem gepflegten Kaffee auf der Hotelterrasse, hier fühlt man sich wie Gott in Frankreich, oder besser gesagt, wie Gott in Österreich. Und da sind wir wieder beim Thema Glück. 16 Jahre lang darf ich diese Gegend nun mehrmals im Jahr besuchen und hier arbeiten. Ich verdanke all das dieser meinerseits anfangs als klein eingeschätzten Rolle. Menschen irren sich. Wobei, ich habe mich nicht mal geirrt, ich hatte einfach keinen Schimmer, welches Potenzial diese Serie für mich in sich trägt. Manchmal sage ich zu Hans: »Wir werden gemeinsam alt mit dieser Serie.« Dann lacht er und sagt: »Wir sind schon alt, mein Lieber.«

Hans, der als Martin ja im »Bergdoktor« mein einziger Freund ist, ist mit den Jahren zu einem echten Freund geworden. Das bedeutet nicht, dass wir uns privat dauernd treffen, aber wenn man alles zusammenrechnet, dann sind wir mit Unterbrechungen mehrere Monate im Jahr zusammen. Danke, Hans, dass du es mit mir schon so lange aushältst. Dr. K. weiß das sehr zu schätzen und ich auch. Uns verbinden jede Menge gemeinsame Erinnerungen und Erlebnisse. Deutlich mehr, als viele mit ihren Ehepartnern je erlebt haben. Auf die nächsten 16 Jahre!

Meine Rolle habe ich jedenfalls zusammen mit Hans auf eine Art immer weiterentwickelt. Wir haben herumgeblödelt, und Hans hat immer wieder mit dem Smartphone gefilmt. Bei den Abschlussfesten zeigt er mir und den anderen dann diese kleinen Filmchen. Das führt dazu, dass wir dann alle fast zusammenbrechen vor Lachen. Der Running Gag mit dem Satz »Martin, mein einziger Freund« war übrigens meine Idee. Ich musste immer mit ihm telefonieren und begann natürlich regelmäßig mit: »Martin ...« Bei irgendeinem Take nahm ich mal den Hörer ab und sagte spontan: »Martin, mein einziger Freund.« Das stand nie im Drehbuch, aber alle fanden es superlustig, wir haben es beibehalten, und nun ist es ein Merkmal von Dr. Kahnweiler. Manchmal, wenn mir Fans begegnen, rufen sie schon von Weitem: »Martin, mein einziger Freund.« Unfassbar! Wie geil ist das denn?

***

Überhaupt werde ich oft gefragt: »Wie läuft denn so ein Drehtag beim ›Bergdoktor‹ ab?« Hier ist jetzt der Moment, euch einen kleinen Einblick in unseren Tagesablauf zu geben: Meistens bin ich schon um acht Uhr am Drehort »Krankenhaus«. Von meinem Hotel »Kaiserlodge« fährt man dorthin gerade einmal zehn Minuten. Die meisten Krankenhausszenen werden in einer umgebauten Tennishalle gedreht, die wenigen restlichen Szenen ab und an im Krankenhaus in Schwaz. Warum das so ist, kann man sich leicht vorstellen: In einem Krankenhaus geht es darum, Menschen in einem gesundheitlichen Notzustand zu behandeln. Dabei ist es wenig hilfreich, wenn eine gesamte Filmcrew mit jeder Menge Schauspieler und noch mehr Equipment den ganzen Tag lärmend die Krankenhausflure bevölkert und dabei die Abläufe massiv stört.

Wenn ich ans Set komme, bin ich meist noch ziemlich pur; so wie ihr alle zu diesem Zeitpunkt des Tages wahrscheinlich auch. Haare und Augen auf halb acht, die Bartstoppel mal mehr, mal gar nicht rasiert. Hier übergibt Mark an Alexander. Dr. Kahnweiler ist niemals unrasiert. Weiße Hose, Hemd, Krawatte, Arztkittel und nicht zu vergessen mein Filmehering, auf den meine Filmehefrau Vera größten Wert legt, verwandeln mich innerhalb kurzer Zeit in Dr. Kahnweiler. Danach geht es direkt in die Maske. Wenig später, wenn das Set eingerichtet ist, kann es im Grunde schon losgehen.

Wenn es eine Szene gemeinsam mit Hans ist, gehe ich mit ihm noch einmal die Texte durch und kämpfe mich durch die medizinischen Fachbegriffe. Sie zu lesen ist schon eine Herausforderung, sie korrekt auszusprechen ganz schön anspruchsvoll, sie zu verstehen aussichtslos. Natürlich versuche ich immer wieder den Bauerntrick, Hans die kompliziertesten Begriffe unterzuschieben. Wenn das irgendwie inhaltlich geht, hat er damit auch keine Probleme. Manchmal foppt er mich aber auch und sagt mit fiesem Grinsen: »Du bist Arzt, das musst du selbst können.« Vor jeder Einstellung wetten wir auch noch, wie lange es wohl dauern wird, einen Fachbegriff korrekt auszusprechen. »Ich schätze mal, du brauchst vier Anläufe«, gibt Hans dann seinen Tipp ab. Wenn er sieht, dass ich die Herausforderung schaffen könnte, versucht er mich mit allen Mitteln aus dem Konzept zu bringen, um die Wette zu gewinnen. Am Ende lachen wir uns beide darüber kaputt.

Neben Hans, der mir ja in der Serie am Nächsten steht, arbeite ich in vielen Szenen mit meiner Filmehefrau Vera, gespielt von Rebecca Immanuel, zusammen. Sie ist eine unheimlich liebe Kollegin und eine sensationelle Schauspielerin. Für mich ist es eine große Ehre, mit so einer tollen Kollegin drehen zu dürfen. Rebecca ist immer absolut auf dem Punkt mit ihrer Komödiantik. Ihre Figur Dr. Fendrich ist gouvernantenstreng, aber auch superwitzig. Sie ist die perfekte Ehefrau für Dr. K., auch wenn wir als Filmehepaar in der Serie so unsere Höhen und Tiefen hatten, eigentlich permanent haben. Schon der Beginn unserer Beziehung war außergewöhnlich. Prof. Dr. Fendrich, Veras Vater und gleichzeitig der Klinikchef, legte mir nahe, dass, wenn ich den Chefarztposten haben wolle, er es durchaus begrüßen würde, wenn ich mich seiner Tochter annähme. Das ließ ich mir natürlich nicht zweimal sagen. Vera und ich wurden recht schnell ein Paar, und einen Tag später zog sie bereits bei mir ein.

Wenn eine Staffel gedreht wird, verbringt man fast den ganzen Tag miteinander. Wir haben einen gewissen Rhythmus, einen geregelten Ablauf. Wenn die Crew zur Mittagspause geht, fahre ich allerdings meistens in mein Hotel nebenan und frühstücke. Ich lasse das Frühstück am Morgen weg, da es mich vor dem Dreh zu müde macht. Nach Drehschluss mache ich in der Regel noch etwas Sport und esse dann erst abends wieder. Das mache ich schon lange so, für mich ist das einfach der optimale Rhythmus.

Der Tourismusboom am Wilden Kaiser, den die Serie auch befeuert, ist ein wenig mit der 80er-Jahre-Serie »Die Schwarzwaldklinik« zu vergleichen, bei der das Glottertal und damit das erweiterte Umland von Freiburg Berühmtheit erlangte. Dort wurde allerdings nahezu gar nicht gedreht. Nur die Außenaufnahmen der fiktiven Klinik reichten damals schon, um Menschenmassen in den Schwarzwald zu locken.

Bei uns ist das anders. Wir drehen fast alles in der Nähe des Wilden Kaisers. Oft stehen Fans vor der Tennishalle in Ellmau und warten geduldig, um ein Selfie mit uns zu machen. Genauso warten viele immer vor der »Bergdoktor«-Praxis, um mit Hans und den anderen anwesenden Schauspielern ein Foto zu ergattern oder einfach um ein Autogramm zu bitten. Viele sind von weither angereist, verbringen ein paar Urlaubstage am Wilden Kaiser und verbinden das mit einem Besuch der Drehorte in der Gegend. Wir als »Bergdoktor«-Team haben von Anfang an den Kontakt zu unserem Publikum gepflegt. Bei Serienstart war das alles noch sehr überschaubar, dann wurde es jedes Jahr merklich mehr, und irgendwann ging es dann ja auch los mit den Fantagen.

Ich habe es schon mal erwähnt, aber das kann man nicht oft genug sagen: Wir haben definitiv die besten Fans der Welt. Das sagt zwar wahrscheinlich jeder über sich, aber wir haben sie wirklich. Sie kommen aus Deutschland, Österreich und der Schweiz, aber inzwischen auch aus Italien, Spanien oder den Niederlanden; eben von überall, wo die Serie erfolgreich läuft. Ohne unsere Zuschauer und Fans wäre der »Bergdoktor« schon lange auf dem Friedhof der TV-Produktionen gelandet. Diese Art der Zuneigung und Wertschätzung ist ein super Gefühl und macht mich dankbar, gleichzeitig aber auch demütig. Wenn ich daran denke, wie viele glückliche

Umstände es in meiner Karriere gab, wie ich zur Schauspielerei kam und wie ich den Punkt erreichte, an dem ich heute bin, dann ist das alles für mich manchmal immer noch schwer zu glauben. Ich bin dem Schicksal sehr dankbar, dass es mir die Möglichkeit gab, mit meiner Leidenschaft zur Musik und zum Film, mit all den Dingen, die ich schon als kleiner Junge geliebt habe, mein Geld zu verdienen und damit seit 30 Jahren meine Familie zu ernähren.

Die Kunst dabei ist es, das Glück im Kleinen zu finden. Die meisten streben in unseren heutigen Zeiten pausenlos nach »immer weiter, immer höher.« Aber genauso schnell wie dieser Weg nach oben führt, kann er auch wieder nach unten führen. Ich habe natürlich auch meine Ziele, entwickle immer wieder neue Projekte, und solange es mir gelingt, das eine oder andere davon umzusetzen, bin ich glücklich und zufrieden. Mein Antrieb ist es nicht, Preise oder Auszeichnungen einzuheimsen, sondern mit in bunte Bilder verpackten Träumen Menschen zu unterhalten. Gelingt das, habe ich für mich alles erreicht.

Viele Menschen, die eine unfassbar steile Karriere hingelegt haben und megaerfolgreich sind, werden von Außenstehenden bewundert und verehrt. Dabei weiß niemand, wie es bei vielen dieser Menschen im Inneren aussieht. Ich kenne einige dieser Exemplare sehr gut und konnte durch sie hier und da mal hinter die Kulisse blicken. Mein Fazit: Einige haben viel erreicht und sind positiv und glücklich. Andere wiederrum haben zwar viel erreicht, dafür aber oft einen hohen Preis in ihrem

Privatleben bezahlt und viel verloren. Manche sogar sich selbst.

Das Leben besteht eben nicht nur aus beruflichem Erfolg und der damit verbundenen Bewunderung anderer Menschen. Nein, ein glückliches Leben ist vielschichtiger. Natürlich spielt auch der finanzielle Aspekt eine Rolle, da Geldsorgen oft wie ein dunkler Schleier über einem vermeintlichen Glück liegen können. Aber nur Geld allein macht, dem alten Sprichwort folgend, eben auch nicht glücklich. Für mich war es immer die Kombination aus Arbeit, Erfolg, Familie, aber vor allem auch Gesundheit. Eine Balance, die gar nicht so leicht herzustellen ist, für die es sich aber lohnt zu kämpfen.

Für manch einen, der immer nur auf der beruflichen Überholspur gepusht hat, kommt irgendwann der Tag, an dem der Erfolg plötzlich ausbleibt. Dann sind die Schulterklopfer schneller weg, als man das Wort aussprechen kann. In vielen Fällen fällt dann auch die Familie auseinander. Die Frau hat sich möglicherweise längst anders orientiert, und die Kinder, die inzwischen groß sind, haben eigene Interessen. Sie kommen nur noch ab und an zu Besuch, vor allem wenn sie irgendetwas brauchen; Geld zum Beispiel. Ich habe viele gesehen, denen es so oder so ähnlich ergangen ist.

Deshalb reicht mir mein »kleiner Erfolg« völlig. Für mich ist mein kleines Glück das große Glück. Mehr brauche ich nicht. Ich hatte große Erfolge, unter anderem mit »Sterne des Südens« oder »Alarm für Cobra 11«. Ich hatte aber auch viele Kämpfe und Niederlagen. Heute freue ich mich einfach an meiner Arbeit für den »Bergdoktor«, meiner Musik und dem einen oder anderen Projekt, das ich noch realisieren möchte; vor allem aber an meiner Familie, meinen Söhnen Aaron und Joshua, meiner Partnerin Anna und an meinem Hund Cooperle. Carpe diem!

Kapitel 7:

Vom großen Glück, Vater zu sein

Unverhofft kommt oft. Ich drehte 1992 gerade im Robinson Club »Çamyuva« in der Türkei für »Sterne des Südens«. Meine Freundin Tülin begleitete mich für eine Weile und flog nach einiger Zeit wieder nach Deutschland zurück. Sechs Wochen später rief sie mich freudig an: »Marko, ich bin schwanger!« Mir fiel fast das Telefon aus der Hand. Was für eine Nachricht! Diese Neuigkeit traf mich mit voller Wucht und völlig unvorbereitet. Ein Kind war alles andere, als ich im Moment gebrauchen konnte. Über die Schwangerschaft konnte ich mich daher in dieser Sekunde überhaupt nicht freuen. Vielmehr war ich eher schockiert. Ausgerechnet jetzt Vater zu werden, wo mein beruflicher Traum endlich wahr geworden war – ein Desaster! Für meine damalige Freundin und spätere Frau Tülin lag der Fall anders. Sie war damals Anfang 30 und wünschte sich Nachwuchs. Tülin liebte immer schon Kinder, und das Baby nicht zu bekommen war für sie eigentlich keine Option. Dennoch überließ sie mir die Entscheidung. Hätte ich mich gegen das Kind entschieden, wäre es wahrscheinlich auch gleichzeitig zur Trennung gekommen. Es dauerte zwar ein paar Tage, bis ich mich an den Gedanken gewöhnte, Vater zu werden, aber irgendwann war es einfach ein Teil meines zukünftigen Lebens.

Der 1. Februar 1993 war schließlich der Tag, an dem sich meine Welt maßgeblich veränderte, der Tag, an dem mein Sohn das Licht der Welt erblickte. Ich kann das Glücksgefühl nicht beschreiben, wie es war, als ich ihn zum ersten Mal sah und er in meinen Armen lag. Natürlich war er das hübscheste Baby der Welt, und ich war schockverliebt in dieses kleine Wesen, das auch ein Teil von mir war. Jetzt war ich also Vater, stolzer Vater eines gesunden Jungen. Wir nannten ihn Aaron. Na ja, ganz so war es nicht. Es war eigentlich ich alleine, der ihn Aaron nannte. Die Geschichte dahinter ist schnell erzählt: Einer der Helden meiner Jugend, Elvis Presley, hieß mit zweitem Namen Aaron. Der Name hatte mir schon immer gut gefallen. Und mein Opa hieß Karl, weswegen es mir außerdem wichtig war, dass Karl der Zweitname für meinen Erstgeborenen werden sollte. Zwei Tage vor Aarons Geburt schauten Tülin und ich im Fernsehen den Kultfilm »Jenseits von Eden« mit James Dean, der den Charakter »Cal« spielt. Sein Bruder im Film hieß Aron. Der Name Cal in der Synchronfassung klang wie Carl, und Aaron war für mich sowieso mein Wunschkandidat. Also erklärte ich Tülin: »Das ist es! Wir nennen unseren Sohn Aaron Karl!« Tülin war sich noch nicht ganz sicher. Sie hatte andere Namensideen, die mir aber nicht gefielen. Während Tülin nach dem Kaiserschnitt noch medizinisch nachversorgt wurde, überrumpelte mich die Krankenschwester und fragte mich, wie der Kleine denn heißen solle, und ich antwortete spontan: »Aaron«. Sie notierte den Namen in den Unterlagen. Das war es. Würden Sie Tülin heute danach fragen, ich glaube, sie würde sagen, die Idee kam von ihr. Passt!

In den ersten Monaten nach Aarons Geburt war ich viel unterwegs. Tülin ging voll in ihrer neuen Rolle als Mutter auf, und wenn ich beim Dreh war, halfen ihr ihre beiden Schwestern mit dem Baby. Klar wäre ich am Anfang lieber mehr bei meiner kleinen Familie geblieben, aber mein Berufsleben stand ja gleichermaßen am Anfang, sodass mir keine Wahl blieb. Schließlich musste ich ja auch Geld verdienen.

Wir drehten im Februar im fernen Sri Lanka, im Mai ging es weiter in der Türkei. Tülin kam mit dem kleinen Aaron nach, und sie blieben für einige Zeit bei mir im Club. So lief das eine ganze Weile. Die beiden kamen mich immer wieder mal zwischendurch bei den Dreharbeiten besuchen, wenn es nicht so weit weg war, und so konnte ich erleben, wie mein kleiner Aaron immer größer wurde. Tülin nahm meistens noch ihre Schwester Hülya mit, die sich zwischendurch auch um Aaron kümmerte. Es war eine superschöne Zeit, an die ich gerne zurückdenke.

Da Tülin und ich nicht verheiratet waren, kam ein weiteres Problem auf mich zu. Ich wollte, dass Aaron meinen Namen trägt und auch einen deutschen Pass bekommt. Fakt war, ich war zwar der Erzeuger, aber quasi ohne Rechte, was meinen Sohn betraf. Das fühlte sich nicht gut an, zumal Tülin die türkische Staatsbürgerschaft besaß, was die juristische Seite nicht einfacher machte. All das wollte ich schnellstens verändern und in geordnete Bahnen lenken. Beste Lösung: Blitzhochzeit! So kam es, dass wir uns am 7. Januar 1994, einem ziemlich frostigen Wintertag, auf dem Standesamt von Überlingen das Jawort gaben. Romantisch war es nicht. Eigentlich war es ein einziger Stress. Ich kam direkt von einem Dreh und flog nur kurz für einen Tag zurück in die Heimat, um zu heiraten. Es waren nur vier oder fünf Personen dabei. Aaron, Tülins Schwestern, mein damaliger Manager, aber ehrlich gesagt weiß ich das gar nicht mehr so ganz genau. Nachdem wir unsere Unterschriften unter die Heiratsurkunde gesetzt hatten, haben wir alle noch einen Kaffee zusammen getrunken und auf die Vermählung angestoßen. Viel mehr war in der kurzen Zeit gar nicht möglich. Zu Hause habe ich meinen Koffer neu gepackt, und am nächsten Morgen war ich in aller Früh schon wieder auf dem Weg zum Flughafen. Dennoch fühlte sich an diesem Tag alles irgendwie neu und anders an. Ich war glücklich. Wir waren nun offiziell eine Familie.

Fast genau drei Jahre später, am 5. März 1996, kam Joshua, unser zweiter Sohn, zur Welt. Diesmal durfte ich dabei sein, da Joshua, anders als Aaron, auf natürlichem Wege zur Welt kam. Ich war einfach nur glücklich und dankbar. Mit 30 Jahren hatte ich nunmehr schon einiges von dem erreicht, was ich mir nicht besser hätte erträumen können. Zwei süße, gesunde Jungs und eine Karriere, die sich auch nicht schlecht anließ.

Die beiden waren von Anfang an ein Herz und eine Seele. Sie haben gespielt, getobt, gelacht, gestritten, aber irgendwie immer alles gemeinsam gemacht. Wo der eine war, war auch der andere nicht weit. So wie es heute auch noch ist. Mir war vor allem immer wichtig, dass sie sich in ihrem Elternhaus geborgen fühlen, dass stets jemand für sie da ist – genau so, wie ich das erlebt habe als Kind mit meinen Großeltern. Aaron und Joshua waren immer gut betreut und in die Familie eingebettet, sodass sie in ihrer Kindheit nichts vermissen mussten. Als ich ab 1996 »Alarm für Cobra 11« drehte und es mir finanziell erlauben konnte, habe ich Tülins Schwester Hülya fest angestellt, und sie hat sich Vollzeit um die beiden Jungs gekümmert, ist mit ihnen und Tülin auch immer wieder nach Berlin und Köln gekommen, da ich dort die meiste Zeit am Set war.

* * *

Aarons und Joshuas Talente wurden schon in frühster Kindheit sichtbar. Aaron war immer eher der Clown, der Entertainer. Er hat gesungen, mit den Hüften gewackelt und zu jeder Gelegenheit die Aufmerksamkeit aller auf sich gezogen. Wenn ich in meinem kleinen Studio, das ich mir zu Hause eingerichtet hatte, für mich selbst übte, stand er manchmal da, schnappte sich das Mikrofon, stülpte sich die Kopfhörer über und begann zu singen. Mit acht stand er zum ersten Mal auf einer Bühne und genoss es sichtlich. Da wurde sehr bald klar, in welche Richtung das einmal gehen würde.

Bei Joshua waren es weniger die Bühne und das Scheinwerferlicht, was ihn gereizt hat, sondern vielmehr der Sport. Seine große Leidenschaft galt schon immer dem Fußball, er wollte von klein auf Profi werden. Dadurch, dass er drei Jahre jünger ist als Aaron, aber immer mit ihm mithalten und dabei sein wollte, musste er sich natürlich mehr anstrengen und wurde auch dadurch sehr schnell besser als seine Altersgenossen.

Ich habe die Jungs von klein auf in ihren Interessen unterstützt und sie auch bestärkt, ihrer Leidenschaft nachzugehen. Klar ist die Schule wichtig und ein gewisses Grundmaß an Bildung ebenso, aber am Ende wollte ich nicht, dass sie eine ähnliche Erfahrung machen müssen wie ich, der seinem Vater zuliebe eine Kfz-Mechaniker-Lehre absolviert hat, ohne auch nur einen einzigen Tag in dem Beruf gearbeitet zu haben. Damals habe ich viel Zeit verloren, und das wollte ich meinen Kindern ersparen. Aaron und Joshua haben zunächst ihre Schulkarriere auf der Hauptschule begonnen, wie auch ich seinerzeit. Aaron ist irgendwann auf die Realschule gewechselt und hat seine Mittlere Reife gemacht. Er wollte danach direkt für ein Projekt in die USA gehen und mit seiner Musik voll durchstarten. Das Projekt hat sich zwar zerschlagen, aber er ist drangeblieben und hat in der Folge an unterschiedlichen musikalischen Produktionen sowohl live als auch im Studio gearbeitet. Manchmal auch gemeinsam mit mir, was einen besonderen Vater-Sohn-Charme entwickelt hat. Auf meinem aktuellen Album haben wir mit »Liebe ohne Leiden« und »Wie der Vater, so der Sohn« zwei gemeinsame Songs.

Ein erfolgreiches Album, ein erfolgreicher Film, einfach mit der Sache erfolgreich sein, die man am meisten liebt, das ist der Antrieb eines Künstlers. Wie schwer es ist, im Show-Business zu bestehen und wie viele jeden Tag daran scheitern, weiß Aaron. Aber ist das nicht in jedem Beruf auf eine Art so? Ich bin der größte Kritiker meines Sohnes, aber auch sein Mentor. Aus meiner Sicht bringt er alles mit, um ein Großer zu werden. Er ist in vielen Dingen begabter und besser, als ich es je war. Mein Glaube in ihn und seine Möglichkeiten ist von klein auf ungebrochen. Irgendwann wird er sich durchsetzen, davon bin ich fest überzeugt.

Joshuas Leidenschaft war, wie beschrieben, immer der Fußball. Er war schon früh ein großes Talent, das auf sich aufmerksam machte. Dem Fußball ordnete er vieles unter, auch die Schule. Er trainierte viel und hart, absolvierte dennoch parallel dazu seine Mittlere Reife. Diverse Jugendabteilungen verschiedener Bundesligaclubs luden ihn immer wieder zu Probetrainings ein. In dieser Zeit haben viele Leute in meinem Umfeld nicht verstanden, dass er sich nach dem Schulabschluss ausschließlich auf den Fußball konzentrierte. Sie rieten mir alle, dass er doch besser zuerst eine Ausbildung abschließen und den Sport nebenher laufen lassen solle. Ich habe ihm da aber nicht reingeredet, habe immer betont, dass die Jungs selbst entscheiden müssen, was sich für sie richtig oder falsch anfühlt. Sie sollten das tun, was sie glücklich macht. Erst später kann man sehen, welche Entscheidung richtig und welche falsch war. Das Wichtigste ist, dass man bei sich selbst bleibt und das tut, was man liebt.

Fußballerkarrieren beginnen zudem in früher Kindheit und enden meist schon Anfang bis Mitte 30. Und mal ganz ehrlich, wenn man mit der schönsten Nebensache der Welt seinen Lebensunterhalt verdienen kann, was gibt es Besseres? Bei Joshua hat es am Ende leider nicht sollen sein. Eine Sprunggelenksverletzung zwang ihn vor ein paar Jahren, früh mit dem Leistungssport aufzuhören und den Traum vom Profifußball schweren Herzens aufzugeben. Er hat mittlerweile aber in der Immobilienbranche Fuß gefasst, betreut Immobilien von Baubeginn bis zur Fertigstellung und hat in dem Unternehmen, in dem er arbeitet, inzwischen eine sehr gute Position. Aber das wirklich Wichtige dabei: Der Job macht ihm sehr viel Spaß, und daher macht er ihn auch gut.

Manchmal hört man ja, wie Eltern über Grundwerte diskutieren, die sie ihren Kindern vermittelt haben. Bei uns gab es diesbezüglich keine Vorgaben, sondern ich habe im Grunde immer nur bestimmte für mich eigentlich ganz normale Dinge vorgelebt. Respekt vor dem anderen; benimm dich immer so, wie du möchtest, dass man auch dich behandelt; sei höflich, ehrlich und bescheiden. So könnte man das vielleicht zusammenfassen. Durch meine Leidenschaft zum Sport und meiner damit einhergehenden gesunden Lebensweise haben die Jungs sich zudem inspirieren lassen, ebenfalls Spaß am Sport zu haben, nicht zu rauchen, keinen Alkohol zu trinken und ganz sicher keine Drogen zu nehmen. Zumindest nicht, wenn ich dabei bin. Spaß beiseite, Aaron und Joshua sind erwachsene Menschen und führen ihr eigenes Leben. Ich wollte und werde ihnen diesbezüglich keine Vorschriften machen, sondern einfach weiter versuchen vorzuleben, was ich für richtig empfinde. Bisher hat das ganz gut geklappt.

Wer mich kennt, weiß, dass ich oft von Termin zu Termin unterwegs bin und der Koffer einer meiner besten Freunde ist. Deshalb ist es auch sehr wichtig, einen Rückzugsort zu haben. Ich habe das große Glück, zwei zu haben. In meiner Heimat Überlingen, in der auch meine Söhne nach wie vor gemeinsam in unserem Haus wohnen, und in Köln bei meiner Lebensgefährtin Anna. Joshua, der seinen Immobilienjob auch von zu Hause aus erledigen kann, kümmert sich dabei auch noch um seine Mutter, obwohl Tülin, bei der ja bereits vor 20 Jahren Parkinson diagnostiziert wurde, längst Anspruch auf eine Vollzeitpflegekraft hätte. Die Jungs wissen, was ihre Mutter für sie getan hat. Sie würden sie nicht einfach so allein lassen. Das ist sicherlich auch ein Grund, warum die Kinder nie von zu Hause weggezogen sind. Als Familie haben wir immer zusammengehalten, und einer ist für den anderen da.

Meine Söhne wissen auch, dass es im Leben nicht immer nur nach oben geht. Dass das Ganze eher so eine Art Achterbahn ist. Sie haben zwar auch die schweren Zeiten mit mir erlebt, als es mir finanziell nicht so gut ging und ich wirklich kämpfen musste. Das war, als mein Kinofilm »I love you baby« gefloppt ist, ich plötzlich einen Haufen Schulden hatte und Tülin krank wurde. Damals waren Aaron und Joshua aber zu klein, um das zu realisieren. Sie haben das überhaupt nicht mitbekommen, und wir haben es natürlich auch weitestgehend von ihnen ferngehalten. Im Nachhinein betrachtet war diese für mich schwierige Zeit jedoch ein absoluter Glücksmoment. Dadurch, dass es damals beruflich alles andere als rosig aussah, war ich viel zu Hause und hatte die Zeit, das ganz große Glück mit meinen Jungs zu erleben. Das Schicksal hat mir diese Möglichkeit gegeben, die nicht mit Geld und Erfolg zu bezahlen ist.

Im Moment ist alles perfekt, so wie es ist, aber keiner kann sagen, was morgen sein wird. Das Gute ist, dass die Jungs nun keine Kids mehr sind, sondern erwachsen und mit beiden Beinen im Leben stehen. Sie können schätzen, welches Glück wir gemeinsam haben, aber sie wissen, dass es nie eine Garantie gibt, dass es für immer so bleiben wird.

Ich kann heute mit Stolz sagen, dass ich zwei sehr gelungene Söhne habe, für die ich unendlich dankbar bin. Ich kann gar nicht beschreiben, wie glücklich mich die beiden machen, und das war vom ersten Tag an so. Das wird vermutlich jeder Vater und jede Mutter über die eigenen Kinder sagen. Aber meine Jungs sind wirklich das größte Glück, das ich habe. Nach seiner Geburt hat Aaron schon alles übertroffen, was ich mir je gewünscht hatte, und Joshua hat dieses Glück drei Jahre später perfekt gemacht. Vor einiger Zeit ist unverhofft ein drittes Kind dazugekommen. Es war auch nicht geplant, trägt Fell, ist verschmust und hübsch und heißt Cooperle. Doch dazu später mehr.

Heute sind meine beiden süßen Jungs von damals junge Männer mit ihrem eigenen Kopf, ihrer eigenen Karriere und einer Idee ihrer Zukunft. Das heißt aber nicht, dass wir als Familie nicht gleich eng sind, wie wir es immer waren. Ganz im Gegenteil, wir haben viele gemeinsame Interessen und Hobbys, und auch beruflich überschneiden sich unsere Themen permanent.

Unser aktuelles Familien-Spaß-Projekt nennt sich »Los Kelleros«. Alles begann dadurch, dass Luis, der Sohn von Tülins Schwester Hülya, eines Tages Joshua ein paar Tanzvideos auf der damals gerade förmlich explodierenden Plattform TikTok zeigte und meinte: »So etwas müsst ihr auch machen.« Joshua fand die Idee klasse und zeigte Aaron und mir ein paar Clips. »Das ist wirklich cool. Lasst uns auch so ein witziges Tanzvideo drehen zu einem bekannten Hit.« Aaron und ich sahen uns skeptisch an. Wir sollen ein Tanzvideo drehen? Quatsch! »Mann, Joshua, wir sind doch keine Tänzer. Wir machen uns doch nur zum Affen.« Joshua, der selbst ein ganz guter Tänzer ist, blieb hartnäckig: »Jetzt lasst es uns doch einfach mal probieren!« Aaron und ich zickten noch ein paar Tage herum, aber wir hatten gerade sowieso nicht viele Möglichkeiten, irgendetwas zu tun, da wir im Corona-Lockdown waren und die Möglichkeiten durch die Ausgangssperre stark begrenzt waren. Kein Fußball, kein Tennis, kein Fitnessstudio, also entschieden wir uns für Tanzen im Wohnzimmer und drehten unseren ersten Clip. Joshua hatte sich irgendwelche Moves überlegt, und wir suchten ein paar bescheuerte Klamotten zusammen. Cousin Luis hat gefilmt, und schließlich haben wir das Filmchen auf TikTok und Instagram hochgeladen. Was dann passierte, hat uns total umgehauen. Unser Video kam so gut an, dass viele Tausend Menschen es angeschaut, geliked und kommentiert haben. Der absolute Wahnsinn! Wir wussten gar nicht, wie uns geschieht. Das hat sogar die Tanzmuffel Aaron und mich restlos überzeugt. Seit damals produzieren wir immer wieder mal, wenn wir Zeit haben, einen neuen Clip und freuen uns tierisch, wie die Leute die Videos im Netz feiern! Manche haben mittlerweile mehrere Millionen Aufrufe! Herzlichen Dank! Ihr seid der Hammer!

Unser dadurch zufällig neu entstandenes Tanztrio spiegelt ganz gut wider, was wir als Familie sind. So was wie der etwas andere Familienbetrieb. Wir haben keine Werkstatt oder Fabrik. Wir produzieren auch keine Brötchen oder Schrauben, sondern Spaß und Unterhaltung. Mal einzeln, mal im Dreierpack. Meine Jungs und ich haben ja einen ähnlichen Geschmack, was Hobbys angeht. Klamotten auch. Wobei, mit den Klamotten ist das so eine Sache. Denn wir haben nicht nur einen ähnlichen Geschmack, sondern auch ähnliche Kleider- und die gleiche Schuhgröße. Das führt zugegebenermaßen ab und an zu einem kleinen Konflikt, wenn ich einen der beiden Jungs in einem coolen T-Shirt sehe, welches dem T-Shirt, das ich mir vor Kurzem gekauft habe, verdächtig ähnlich sieht. Die kurze Kommunikation läuft dann ungefähr so: »Hey, Aaron, schönes T-Shirt!« – »Ja, finde ich auch, Papa!« Auf meinen Einwand »Ich hatte so ein ähnliches« ernte ich dann meistens ein unschuldiges Grinsen und ein Indianerehrenwort: »Ich leihe es mir nur mal aus!«

Ja, bei uns drei Kellers geht es meist turbulent, lustig und manchmal auch einigermaßen chaotisch zu, und ja, wir fühlen uns am wohlsten, wenn wir alle zusammen sind. Natürlich diskutieren wir auch mal kontrovers, haben unterschiedliche Meinungen zu bestimmten Themen, aber es wäre ja schrecklich, wenn es nicht so wäre. Ich habe meine Kinder nicht zu Schafen erzogen, die ihrem Leithammel blind hinterherrennen. Wir sind drei Keller-Männer mit unterschiedlichen Köpfen und dennoch einem breiten gemeinsamen Nenner. Wenn einer der Jungs mal Probleme hat, diskutieren sie es untereinander oder sprechen mit mir. Sie wissen, dass sie jederzeit mit allem zu mir kommen können. Dafür bin ich ihr Vater und eben auch ihr Ratgeber und Freund.

Wenn mich heute einer fragen würde, was das Beste ist, was ich in meinem Leben hingekriegt habe, dann gibt es nur eine Antwort: meine Jungs, Aaron und Joshua! Sie kamen unverhofft und wurden zu meinem größten Glück!

Irgendwann werden Aaron und Joshua wahrscheinlich auch Kinder und eigene Familien haben. Ich freue mich jetzt schon darauf, meine Enkelkinder im Arm zu halten und sie ein bisschen zu verwöhnen. Vielleicht spielen wir Fußball, toben durchs Zimmer oder gehen einfach am See spazieren. Meine Enkel in spe bekommen auf jeden Fall einen Opa, der seiner eigenen Oma selbst so vieles zu verdanken hat, dass er alles daransetzen wird, um ihnen gleichermaßen ein guter Großvater zu sein. Klar möchte ich, dass meine Jungs, wenn es dann so weit ist, beruflich fest im Sattel sitzen, um ihre Familie ernähren zu können.

Aber ganz ehrlich: Wenn es passiert, passiert es. Wenn nicht, dann nicht. Dann vielleicht anders, aber hoffentlich so, dass alle ihr ganz eigenes Glück finden. Bei mir lief ja auch nicht immer wirklich alles nach Plan, aber ich glaube aus tiefstem Herzen daran, dass am Ende immer alles gut wird. Und wenn es nicht gut ist, ist es nicht das Ende.

Kapitel 8:

Meine Vorbilder, meine Helden

Als kleiner Junge habe ich oft gemeinsam mit meinen Großeltern im Fernsehen alte Filme angeschaut. Diese Nachmittage und Abende gehören zu den ersten bewussten und auch glücklichsten Erinnerungen an meine Kindheit. Hier beginnt meine Geschichte. Die Erzählungen meiner Oma, dass Mama immer zum Film wollte, trugen ihr Übriges dazu bei, dass ich das auch wollte. Viel mehr als alles andere auf der Welt.

Die Auswahl an Fernsehsendungen war seinerzeit allerdings durchaus übersichtlich, da es damals nur ARD und ZDF beziehungsweise pro Bundesland noch ein drittes regionales Programm gab. So liefen im deutschen Fernsehen der 60er- und 70er-Jahre vor allem Hollywoodstreifen der 30er-, 40er- und 50er-Jahre sowie ein paar deutsche Spielfilmeigenproduktionen und die ein oder andere Krimiserie.

Die meisten meiner Idole kamen damals aus den USA: Die Filme sowie die TV-Shows und Musikproduktionen, die ich liebte, entstanden überwiegend im Mekka der Unterhaltungsindustrie – in Hollywood. Aber es gab auch einige deutsche und französische Helden meiner Jugend. Da ich in diesem Buch über Glück spreche, anbei ein paar Namen, die mich in meiner Jugend mit ihrer Kunst, ihren Filmen und ihrer Musik sehr glücklich gemacht haben:

Ich verehrte die alten Hollywoodstars wie Katherine Hepburn, Spencer Tracy, Edward G. Robinson, Humphrey Bogart, Anthony Quinn, Burt Lancaster, Kirk Douglas, Errol Flynn, Robert Taylor, Cary Grant, Gregory Peck, etwas später James Dean und natürlich auch die Hollywood-Divas Marilyn Monroe und Ava Gardner und noch einige weitere Stars aus dieser Zeit, die ich hier nicht alle namentlich erwähnen kann. Ava sah meiner Mutter sehr ähnlich, und sie erinnerte mich als kleiner Junge immer an Mama, die ich ja nur von Fotos kannte.

In Deutschland waren es Hans Moser, Heinz Rühmann, Peter Alexander, aber vor allem auch Caterina Valente. Etwas später kamen bei mir noch die Franzosen Jean-Paul Belmondo, Alain Delon und Catherine Deneuve dazu. Auch hier gab es noch den einen oder anderen mehr, der mich begeistert hat, aber alle detailhaft aufzuzählen würde den Rahmen sprengen.

Ein anderes Genre, die amerikanischen Musikfilme mit Dean Martin, Jerry Lewis, Frank Sinatra, Sammy Davis Jr., Bing Crosby oder auch die Tanzfilme mit Fred Astaire gemeinsam mit Ginger Rogers oder Gene Kelly hatten es mir völlig angetan. Elvis Presley erhält etwas später, aber ebenfalls einen Ehrenplatz in meiner musikalischen Ahnengalerie. Clint Eastwood hat mich in den 1970ern mit »Dirty Harry« gepackt, gleichermaßen die Martial-Arts-Produktionen, vor allem mit Bruce Lee. Sylvester Stallone hat schließlich mein Leben auf eine andere Art total verändert.

Abhängig von meinem Alter und auch den sich entwickelnden Interessen eines Heranwachsenden kamen immer wieder andere Themen auf den Tisch, und andere Filme rückten in den Fokus. Dennoch sind sie irgendwie alle geblieben. Kein Film, den ich je geliebt habe, hat mir irgendwann nicht mehr gefallen, nur weil ich einen anderen entdeckt hatte; keiner meiner einstigen Helden war plötzlich nicht mehr wichtig, nur weil ich ein weiteres aufregendes Genre für mich entdeckt hatte. Sie alle sind für immer ein Teil meiner Entwicklung geblieben. Ich habe die Biografien einiger meiner Helden als kleiner Junge gelesen, und mir fiel auf, dass viele über Umwege zum Film gekommen sind und ursprünglich gar keine Schauspielausbildung genossen hatten. Dies motivierte mich umso mehr und zeigte mir, dass alles möglich und Aufgeben auf dem Weg zum Ziel keine Option war.

Eines der größten Idole meiner Kindheit war für mich Burt Lancaster. Mich faszinierte, wie austrainiert und athletisch er war. Gut zu sehen zum Beispiel im Film »Der Rote Korsar« von 1952. So wollte ich auch sein. Sein ganzer Lebenslauf, über den ich später einiges las, berührte mich, damit konnte ich mich auch identifizieren. Seine Biografie ist die Geschichte von Willen, Durchhaltevermögen, Freundschaft und Glück. Mit acht Jahren lernte Burt in einer Sommerfreizeit den ein Jahr älteren Nick Cravat kennen, der zeit seines Lebens ein enger Freund blieb. Die beiden bildeten sich als Jugendliche zu professionellen Akrobaten aus und traten unter dem Namen »Lang & Cravat« als Trapezkünstler und Hochseilartisten in Zirkusshows auf. Verletzungsbedingt musste Lancaster Anfang der 1940er-Jahre sein Artistenleben jedoch aufgeben, in der Folge jobbte er als Verkäufer für Damenunterwäsche und in einer Kühlschrankfabrik. 1942 wurde er für drei Jahre zum Kriegsdienst eingezogen. Durch Zufall, oder sollen wir sagen: durch Glück?, traf er, nachdem er aus der Armee entlassen worden war, in einem Fahrstuhl in New York einen Theaterproduzenten, der gerade nach einem Schauspieler suchte, der in dem Bühnenstück »A Sound Of Hunting« einen Sergeant spielen konnte. Obwohl Lancaster keine Schauspielausbildung hatte, bekam er die Rolle. Das Stück kam bei den Zuschauern nicht besonders gut an, aber Lancaster erhielt gute Kritiken. Talentsucher aus Hollywood wurden auf ihn aufmerksam – und der Rest ist Geschichte. Seinen Jugendfreund Nick Cravat hat er dabei nie vergessen. Als er selbst ein Großer in Hollywood geworden war, besetzte er Cravat öfter in irgendwelchen Nebenrollen, bei denen er nicht oder wenig sprechen musste. So auch als sein stummer Partner »Ojo« in »Der Rote Korsar«.

Während und nach dem Zweiten Weltkrieg wollten die Menschen von den schlechten und unsicheren Zeiten abgelenkt werden. »Heile-Welt-Filme« und leichte Unterhaltung dominierten diese Periode. Das Genre Tanzfilm, welches eine Handlung im wahrsten Sinne des Wortes leichtfüßig transportierte, war sehr populär, und auch mich berührte diese leichte und sorgenfreie Unterhaltung emotional.

Steppen als Tanzform war dabei etwas, was ich schon als kleiner Junge faszinierend fand. Fred Astaire oder auch Gene Kelly waren die beiden großen Konkurrenten um den Thron des besten Tänzers. Beide waren für mich Helden. Fred Astaire und seine Partnerin Ginger Rogers drehten zehn gemeinsame Tanzfilme und wurden so zum gefeierten Leinwandpaar. Das Steppen entstand in den USA und etablierte sich zunächst in den Shows am Broadway. Zwischen den 1930er- und 1950er-Jahren wechselten die besten Stepptänzer zu Film und Fernsehen. Ich hatte schon als kleiner Junge Steppschuhe, und das war ein verhältnismäßig teures Hobby, da ich sie schnell abnutzte und meine Oma mir immer neue Metallplatten für die Schuhe kaufen musste.

Anthony Quinn imponierte mir immer sehr. Durch sein südländisches Aussehen und seine emotionale Art erinnerte er mich an einen Onkel aus der Familie meines kroatischen Vaters. Vor allem in »Alexis Sorbas« und »Der große Grieche« beeindruckte mich der mexikanisch-amerikanische Schauspieler.

Ich mochte damals aber auch die deutschen Filme der 1930er- und 1940er-, vor allem aber später die Produktionen der 1950er- und 1960er-Jahre. Einer der alten Helden war für mich der berühmte österreichische Volksschauspieler Hans Moser, der zwischen 1918 und 1928 sogar noch Stummfilme drehte. In unzähligen Produktionen spielte er in der Folge mit Heinz Rühmann, Theo Lingen oder auch Paul Hörbiger.

Die deutschen Musikfilme und Komödien der 1950er-Jahre mit Peter Alexander oder auch Caterina Valente erinnerten mich in vielerlei Hinsicht an die US-amerikanischen Vorbilder. Beide waren mit großem Talent gesegnet, egal ob Schauspielerei, Gesang oder Tanz. Sie beherrschten alles. Talente, wie man sie hierzulande nicht an jeder Straßenecke findet. Caterina Valente war zeit ihres Lebens ein Weltstar. In Deutschland kannte sie jeder, und irgendwie dachte auch jeder, sie sei daher nur in Deutschland bekannt. Mitnichten! Sie war allein in den USA in mehr als 100 Fernsehsendungen als Stargast eingeladen. Unter anderem in der »Dean Martin Show«, der »Perry Como Show«, der »Danny Kaye Show« oder der »Bing Crosby Show«, um nur einige zu nennen.

Ich war immer ein großer Danny-Kaye-Fan. Es ist durchaus möglich, dass der eine oder andere Einfluss in meinem Spiel als Dr. K. sichtbar ist. Meine Lieblingsfilme sind »Die Lachbombe« oder »Der Hofnarr«. Beide habe ich sehr oft gesehen und kann sie fast schon mitsprechen. Danny Kaye war berühmt für seine Schnellsprechkünste. Später im Film »Hofnarr« hatte er ein legendäres Wortspiel, was ihm den Ruf »Schnellste Klappe Hollywoods« einbrachte. Wer erinnert sich noch an den berühmten Dialogsatz, bei dem Danny Kaye alias »Hawkins« sich merken soll, welcher Becher mit Wein vergiftet ist, er ihn aber permanent vergisst, durcheinanderbringt und einen völlig neuen Reim daraus macht: »Der Wein mit der Pille ist in dem Becher mit dem Fächer, der Pokal mit dem Portal hat den Wein gut und rein. Der Wein mit der Pille ist im Kelch mit dem Elch. Der Becher mit dem Fächer hat den Wein gut und rein.«

Kommen wir zu einem entscheidenden Faktor in meinem Leben, der Musik. Es gibt den berühmten Song »Music« von John Miles. Darin heißt es: »Music was my first love and it will be my last.« Besser kann man es nicht ausdrücken. Diesen Satz beanspruchen wahrscheinlich die meisten Musiker für ihr Leben. Auch ich, aber während in meiner Jugend die meisten meiner Altersgenossen mit Rockmusik der 1970er- und 1980er-Jahre aufwuchsen, liebte ich meine alten Helden Dean Martin, Frank Sinatra, Sammy Davis Jr. und später natürlich Elvis. Das hatte maßgeblich mit den Musikfilmen zu tun, die ich als Kind verschlungen habe. Aber auch an Weihnachten bei meinen Großeltern liefen vor allem die Weihnachtslieder von Frank Sinatra, Dean Martin, aber auch Bing Crosby oder Nat King Cole.

Dean Martin nimmt dabei in meinem Leben einen ganz speziellen Platz ein, weil er irgendwie alles in sich vereint, was mich begeistert hat. Seine Musikfilme und Komödien zusammen mit Jerry Lewis waren legendär. Seine Musik fungierte wie ein Bindeglied zwischen all seinen Talenten. So präsentierte er zehn Jahre lang im US-Fernsehen die »Dean Martin Show«, die ihn seinerzeit zum bestbezahlten Unterhaltungskünstler der Welt machte. Er ist für mich nach wie vor der Inbegriff des Entertainers. Angefangen hatte auch er, wie die meisten seiner Zeit, in bescheidenen Verhältnissen. Was mich an ihm auch immer sehr beeindruckte, war, dass er, obwohl er kein ausgebildeter Sänger war, die Zuhörer durch seine warme, weiche Stimme begeistern konnte. Dean war ein »Crooner«, eine damals entstandene Bezeichnung für diesen sanften und warmen Gesangsstil. Frauen empfanden es als sexy. Für mich war Dino einfach unfassbar cool und ist es in meinen Erinnerungen nach wie vor. Sein größter Hit »Everybody loves somebody«, den er 1964, ein Jahr vor meiner Geburt, veröffentlichte, wurde für mich zum Glücksbringer Nummer eins und verbindet mich mit ihm auf meine ganz spezielle Weise. »Everybody loves somebody« war der Song, mit dem ich mich 1989 bei der »Rudi Carrell Show« bewarb und angenommen wurde. Es war der Song, mit dem ich die Show gewonnen habe. Und es ist damit auch das Lied, mit dem ich beim deutschen Fernsehpublikum von einem Tag auf den anderen bekannt wurde. Rudi Carrell war damals sehr beeindruckt von meiner Interpretation und fand, dass ich fast so wie mein großes Vorbild klänge. Er sagte auch immer: »Marko, du bist für mich ein Entertainer wie die Jungs früher!« Wenn man das aus dem Mund eines Menschen hört, der Dean Martin persönlich kannte, läuft es einem schon ein wenig kalt den Rücken hinunter. Ich hatte mit Rudi Carrell zeit seines Lebens einen sehr guten Kontakt, und manchmal hoffe ich, er könnte von seiner Wolke aus sehen, dass ich nicht aufgehört habe, meinen Weg zu gehen.

* * *

Ein weiteres Kapitel in meinem Leben war meine Faszination für den Kampfsport. Schon früh, ungefähr mit zehn Jahren, begann ich mit dem Karate. Wir haben damals alle Bruce Lee verehrt, der bis heute eine Kampfsport-Ikone ist und grandiose Martial-Arts-Filme gemacht hat. Leider ist er mit 32 Jahren viel zu früh verstorben.

Wenn einer seiner Kultfilme, wie beispielsweise »Die Todeskralle schlägt wieder zu« mit Chuck Norris, in Überlingen im Kino lief, habe ich immer einen meiner Freunde, der die Kinoplakate aufhängte, bei seiner Arbeit begleitet. Während wir dann so durch die Gassen liefen, mussten die Regenrinnen an den Häusern als Feind herhalten, und wir hinterließen Spuren und Dellen unserer Fußkicks im Blech. Da die Bruce-Lee-Filme alle ab 18 Jahre waren und wir sie natürlich sehen wollten, mussten wir uns oben im Kino beim Projektor verstecken und haben von dort heimlich zugeschaut.

Außer Dean Martin veränderte noch ein weiterer italienischstämmiger Amerikaner mein Leben maßgeblich: Sylvester Stallone. Als ich »Rocky« erstmals sah, ich glaube, ich war damals 13 Jahre alt, hat mich der Film gepackt und nicht mehr losgelassen. Das Drehbuch zu dem Boxerdrama schrieb der damals 28-jährige Stallone selbst. Es gab einige finanziell interessante Angebote, das Drehbuch zu verkaufen, wobei er dabei die Hauptrolle nicht selbst hätte spielen dürfen. Obwohl Stallone das Geld mehr als dringend brauchte, lehnte er all diese Angebote ab. Mich faszinierte an dem Film die Figur des Boxers Rocky Balboa, der, obwohl er eigentlich keine Chance hatte, diese massiv nutzte und als moralischer Sieger aus dem ungleichen Kampf gegen den großen Favoriten hervorging. Für mich war das mit 14 die Motivation und der Startschuss, damit anzufangen, meinen Körper intensiv zu trainieren. Ich wollte so sein wie Stallone beziehungsweise der von ihm dargestellte Charakter Rocky Balboa. Seit dieser Zeit trainiere ich fast jeden Tag und habe es nie bereut. Noch heute, wenn ich alleine oder auch gemeinsam mit meinen Söhnen im Gym schwitze, läuft nicht selten Bill Contis weltberühmte Filmmusik aus »Rocky 1« im Hintergrund. Ich hatte das große Glück und die riesige Ehre, Sylvester Stallone zweimal in meinem Leben persönlich zu treffen. Er ist trotz seines Weltstarstatus und seines unglaublichen Erfolges ein liebenswerter wie bescheidener Mensch geblieben. Sylvester Stallone liebt seinen Sport auch heute noch mit 76 Jahren und ist und bleibt eines meiner großen Vorbilder.

Ich möchte an dieser Stelle Sidney Poitier ein paar Zeilen widmen, da er mich mit seinen Filmen immer begeisterte. Es waren die Melancholie und das Drama, welches mich faszinierte, ohne dass ich als Junge die Tiefendimension des Rassismus verstand. Heute weiß ich, dass im Hollywood der 1950er-, 1960er- oder auch 1970er-Jahre ein dunkelhäutiger Schauspieler nicht denselben Stellenwert genoss wie sein weißer Kollege. Damals wurden farbige Darsteller meist nur für Nebenrollen besetzt und schlecht bezahlt. Sidney Poitier war der erste Afroamerikaner, der Filmstar wurde und Hauptrollen in Hollywoodfilmen spielte. Meine Lieblingsfilme waren damals »Flucht in Ketten«, »In der Hitze der Nacht«, aber vor allem hat mich als junger Mensch das Drama »Junge Dornen« inspiriert. Poitier spielt darin einen arbeitslosen Ingenieur, der mangels Jobs eine Stelle als Lehrer in einer Schule im Londoner Problemviertel East End annimmt. Der schwarze Lehrer inmitten gewalttätiger weißer Schüler und wie er diese Situation zunächst besonnen angeht, sich dann doch provozieren lässt, aber letztendlich die Klasse weitgehend hinter sich bringt, hat mich sehr berührt. Für mich war Rassismus ehrlich gesagt nie ein Thema, Rassismus hatte in meinem Leben keinen Platz. Mein Vater ist Kroate, und meine Freunde, mit denen ich aufgewachsen bin, waren außer Deutschen auch Italiener, Kroaten, Türken und Griechen, deren Eltern als Gastarbeiter nach Deutschland gekommen waren. Später in meinem Beruf als Sänger und Schauspieler hatte ich das Glück, so unglaublich viele talentierte Menschen unterschiedlichster Nationalitäten, Religionen und Hautfarben kennenzulernen. Sie alle zusammen erschaffen die Unterhaltung und Kultur, die wir haben und am Ende alle lieben.

Mir wurde auch mit jedem Film, der mich berührte und den ich liebte, bewusster, welchen Einfluss eine Figur, ein Schauspieler oder ein Thema auf Menschen haben kann. Im positivsten Sinne motiviert er den Zuschauer, über sein eigenes Leben nachzudenken und bestimmte Dinge zu verändern. Bei mir war das zum Beispiel mit Sylvester Stallone so, der mir vermittelte: »Du kannst das auch schaffen, wenn du nur hart genug an dir arbeitest.« Bei anderen Filmen, meist Dramen, wurden mir Konflikte, Milieus oder Lebensumstände nahegebracht, die ich bewusst am eigenen Leibe so nicht erfahren habe, die aber durch die filmische Umsetzung viele Gedanken in mir in Bewegung setzten.

»Solange es Menschen gibt« aus dem Jahre 1959 ist auch einer dieser sehr beeindruckenden und traurigen Filme, den ich mit meiner Oma gemeinsam angeschaut habe und der den Rassenkonflikt der damaligen Zeit deutlich wie herzzerreißend veranschaulicht. In der Hauptrolle spielt Lana Turner. Es geht in dem Film darum, dass die verwitwete Schauspielerin Lora Meredith (Lana Turner) die schwarze, ebenfalls verwitwete Annie Johnson kennenlernt. Beide haben eine Tochter. Loras Tochter Susie und Annies Tochter Sarah Jane wachsen in der Folge gemeinsam auf, da Annie die finanziell abgebrannte Lora bei sich beherbergt. Lora verfolgt konsequent ihre Karriere als Schauspielerin und wird erfolgreich. Sie stellt Annie als Haushälterin an, die auf die beiden Töchter aufpasst. Als Teenager beginnt Sarah Jane sich für ihre schwarze Mutter zu schämen, da sie selbst eine eher helle Hautfarbe hat. Sie verlässt ihr Zuhause und tritt fortan in Nachtclubs auf. Damit bricht sie das Herz ihrer gutmütigen und ihr alles verzeihenden Mutter. Annie stirbt schließlich an ihrem gebrochenen Herzen, und erst am Grab bittet Sarah Jane ihre Mutter um Verzeihung und bekennt sich zu ihrer Identität als schwarze Frau. Bei Annies Beerdigung läuft der Song »Trouble of the world« von Mahalia Jackson. Meine Oma berührte dieser Film so sehr, dass sie immer sagte, dass sie sich auch so eine Beerdigung mit dieser Musik wünsche. Als sie 1991 starb, versuchte ich überall, diesen Song aufzutreiben, um ihren letzten Wunsch zu erfüllen. Da ich den Titel jedoch leider nirgends finden konnte, nahm ich das Lied mit meinem Kassettenrecorder direkt vom Film auf und spielte es auf Omas Totenfeier.

* * *

Ein ganz Großer fehlt noch in meiner Aufzählung von Helden und Vorbildern. Ich wurde auf ihn eigentlich erst am Ende seines Lebens so richtig aufmerksam. Die Rede ist von keinem Geringeren als dem King of Rock´n´Roll: Elvis Aaron Presley. Ich erinnere mich noch genau, dass ich als Zwölfjähriger im Zug nach Krauchenwies saß, als die Meldung von Elvis' Tod die Welt erschütterte. Zwar hatte ich vorher schon einmal von ihm gehört, aber durch den ganzen Medienrummel anlässlich seines frühen Todes begann ich mich intensiver mit Elvis zu beschäftigen. Im Radio und auch in den Fernsehberichten dieser Tage liefen seine großen Hits wie »Love me tender« oder »In the ghetto« hoch und runter. Später entdeckte ich auch seine Filme, und ja, ich war fasziniert von dieser Person, die mich musikalisch, aber auch als Mensch mitgeprägt hat. Seine Kindheit verbrachte Elvis in bitterer Armut. Da ging es mir zugegebenermaßen unvergleichlich besser, obwohl auch ich in eher bescheidenen Verhältnissen aufwuchs. Eine interessante Parallele zu meinem Leben war das innige und extrem enge Verhältnis von Elvis zu seiner Mutter; ähnlich wie bei mir zu meiner Oma. Bei ihm mag der Auslöser für diese enge Bindung der Tod seines Zwillingsbruders Jesse bei der Geburt gewesen sein, bei mir sicherlich, dass meine Mutter wenige Monate, nachdem ich das Licht der Welt erblickt hatte, völlig unerwartet verstarb.

Als er selbst 1977 mit erst 42 Jahren an einem plötzlichen Herztod starb, der wahrscheinlich durch seine Medikamentensucht ausgelöst wurde, sprachen seine engsten Vertrauten davon, dass er an einem gebrochenen Herz gestorben sei. Er hatte den Tod seiner geliebten Mutter nie verwinden können.

Die Strahlkraft von Elvis Aaron Presleys Persönlichkeit hat Millionen von Menschen und auch mich nicht unberührt gelassen. Aaron, der Name meines Erstgeborenen, hat mehrere Ursachen, aber Elvis als Einfluss ist nicht von der Hand zu weisen.

***

Das war sie, meine kurze Reise durch die Welt meiner Helden, Vorbilder und Themen, die mich als junger Mensch beeindruckten und auch dazu beigetragen hat, denjenigen aus mir zu machen, der ich heute bin.

Meine Leidenschaft zu den alten Filmen und Musik haben mich immer glücklich gemacht. Allein in diesem Kapitel andere an meiner Begeisterung teilhaben zu lassen ist für mich ein Glücksgefühl. Geschichten zu erzählen ist meine Leidenschaft und mein Leben: im Film, in der Musik oder in diesem Buch.

Kapitel 9:
Glück. Und was es für mich bedeutet

Da hat man schon kein Glück, und dann kommt auch noch Pech dazu. So oder so ähnlich denken viele Menschen, bei denen gerade etwas nicht ganz so gut läuft, wie sie es sich vorgestellt haben. Jeder erinnert sich an einen solchen Moment in seinem eigenen Leben. Befindet man sich in so einer Situation, beginnt man mit sich zu hadern: »Warum trifft dieses Schicksal gerade mich? Ich habe doch nichts falsch gemacht. Ich bin doch ein rechtschaffener und aufrichtiger Mensch.« Schnell sucht man Begründungen, und nicht selten kommt man zum Schluss, es könne sich nur um Murphys Gesetz handeln. Dieses besagt: »Alles, was schiefgehen kann, wird auch schiefgehen.« Aber ist das auch wirklich so? Die Redewendung »Jeder ist seines Glückes Schmied« widerspricht dem schicksalhaften Ansatz deutlich. Es bedeutet, dass jeder für sein Glück selbst verantwortlich ist. Und beinhaltet auch, dass viele zu früh aufgeben oder gar nicht beginnen, weil sie der Meinung sind, dass sie ihr Ziel sowieso nicht erreichen werden. Erfolg und Zufriedenheit kann man aber, laut der Redensart, nicht erlangen, wenn man sich auf den Zufall oder Hilfe anderer verlässt. Kann das stimmen?

Mein Leben beziehungsweise meine frühste Kindheit begann mit dem größten vorstellbaren Unglück. Meine Mutter starb acht Monate nach meiner Geburt. Ich war ohne mein Zutun oder Unterlassen Halbwaise geworden. Wer hatte in diesem Moment für mich mein Glück geschmiedet? War es Schicksal? Zufall? Pech?

Meine Familie nahm dieses Schicksal an. Meine Oma schlüpfte ohne Zögern und ohne Wenn und Aber in die Mutterrolle. Mein Vater war für mich da, so gut er nur konnte, und mein Opa blieb mein Opa. Die ganze Familie rückte zusammen, und auch wenn wir nicht wohlhabend waren, hatten wir alles, was bedeutend und wichtig war. Aus dem größten denkbaren Unglück entwickelte sich für mich eine normale, wunderbare Kindheit. War das nun wiederrum Glück? Kommt das Glück dann, wenn es Lust hat oder wenn es irgendjemand schickt? Kommt das Glück zufällig, oder gibt es so was wie das große Buch, in dem alles vorgezeichnet und vorherbestimmt geschrieben steht? Wahrscheinlich ist Glück vielseitig, und jeder sieht darin das, was er sehen will. Für Glück gibt es keine eindeutige Definition. Was für den einen Glück bedeutet, ist für einen anderen vielleicht sogar Pech. Ich möchte heute daher nur über mich sprechen, über meine Empfindungen zum Thema Glück, über meine ganz subjektive Sichtweise.

Für mich gibt es unterschiedliche Dinge, die ich als Glück bezeichne. Es sind für mich eigentlich zwei verschiedene Arten von Glück. Ich nenne sie »Das innere, das kleine Glück« und »Das äußere Glück«. Beim inneren Glück geht es um mein persönliches, privates Glück, was meinen inneren Gefühlszustand, mein Mindset, meine direkte Umgebung und Familie beschreibt. Im Gegensatz dazu definiere ich das äußere Glück als eine Art Zufallsglück. Das kann ein Gewinn sein, ein beruflicher Erfolg oder auch ein Unfall, der glücklicherweise glimpflich ausgegangen ist.

Bei der Geburt meiner Söhne Aaron und Joshua, die ich beide als mein größtes Glück bezeichne, kamen für mich beide Glücksarten zusammen. Das innere Glück ist dieses überwältigende Wohlgefühl der Glückseligkeit, dieses kleine unschuldige Wesen, dein eigen Fleisch und Blut im Arm zu halten. Das äußere Glück dabei ist, wenn dein Kind gesund und munter ist, was beileibe auch keine Selbstverständlichkeit ist und in mir ein großes Gefühl der Dankbarkeit und Demut ausgelöst hat. Wie viele Kinder kommen jeden Tag mit Behinderungen oder Krankheiten auf die Welt? Wie viele sterben, bevor sie geboren werden? Sehr viele. Wie viele bekommen in ihrer Kindheit und Jugend die Chance, sich frei und unbeschwert zu entwickeln? Wie viele haben Zugang zu Bildung und die Möglichkeit, etwas aus ihrem Leben zu machen? Zu wenige!

Und daher bin ich mehr als glücklich, dass meine beiden Jungs gesund sind und sich inzwischen zu tollen jungen Männern entwickelt haben, auf die ich sehr stolz bin.

Ich denke, das äußere Glück kann man nicht beeinflussen, zumindest nicht direkt. Damit meine ich, dass ich natürlich bestimmte Wege, die ich einschlage, beeinflussen kann, aber nicht wirklich, was auf diesem Weg im Detail passieren wird. Ich kann dabei vorher versuchen, mein Risiko einzuschätzen, und dieses bewusst eingehen oder nicht. Ich erfinde jetzt einmal ein extremes Beispiel: Wenn ich mich als Tourist in einer neuen Stadt in eine eher schlechte Gegend begebe, von der ich weiß, dass es dort immer wieder Übergriffe auf Passanten gibt, gehe ich bewusst ein hohes Risiko ein, dass auch ich dort überfallen werden könnte. Entscheide ich mich dagegen, kann ich zumindest ausschließen, dass mir dort etwas zustößt. In meiner Risikoabschätzung ist es möglicherweise sehr viel sicherer, im Hotel zu bleiben, da es keine Erkenntnisse gibt, dass es im Hotel besonders gefährlich ist. Sollte es urplötzlich zu einem Erdbeben kommen, welches das Haus zum Einsturz bringt und mich dabei verschüttet, war es schicksalhaft und in unserer Bezeichnung eher als Pech einzustufen. Das Wort Pech heißt im Englischen übrigens *bad luck*, also »schlechtes Glück«. Um die frei erfundene Geschichte auf die Spitze zu treiben, könnte ich natürlich einer der wenigen sein, die nach dem Erdbeben lebend aus den Trümmern gezogen wurden. Also unfassbares Glück! Äußeres Glück!

Ich wurde in meinem Leben auch oft vom Glück begünstigt oder hatte einfach einen Schutzengel. Der steht dann wohl auch auf der Gehaltsliste des »äußeren Glückes«.

Als ich gerade einmal fünf Jahre alt war, wurde ich eines Tages beim Überqueren der Straße von einem

VW Käfer erfasst, auf die abgerundete Motorhaube geschleudert und bin, laut meiner Cousine, nach einem Salto mit dem Hintern voraus auf dem Gehweg gelandet. Man brachte mich sofort zur Untersuchung in ein Krankenhaus, aber ich hatte nicht einmal einen Kratzer. Verdammtes Glück!

Als Elfjähriger war ich erneut in einen ähnlichen Unfall verwickelt. Wieder war mein Kontrahent ein VW Käfer. Ich bin auch dieses Mal über die Straße gerannt, habe das Auto nicht gesehen. Das Fahrzeug hat mich erwischt und sprichwörtlich auf die Hörner genommen. Dabei wurde ich am linken Bein verletzt. Es war ein komplizierter Bruch, der operiert und geschraubt werden musste. Das Resultat: sechs Wochen Gips und das ausgerechnet im Sommer. Ich habe das damals als ziemliches Pech empfunden. Mit Abstand betrachtet war es jedoch ein unheimliches Glück. Ich hätte auch schwerer verletzt oder sogar tot sein können.

Ein anderer Unfall ereignete sich, als ich als 24-Jähriger nach meinem Sieg in der »Rudi Carrell Show« auf dem Heimweg von Köln an den Bodensee war. Aufgrund von Aquaplaning war ich auf der Autobahn ins Schleudern geraten und hatte mich dreimal überschlagen. Auch dieses Mal blieb ich komplett unverletzt. Das große, äußere Glück, das Schicksal, mein Schutzengel hatten einmal mehr zugeschlagen.

Bevor ich nachher noch zu anderen Episoden meines Lebens komme, in denen das äußere Glück eine Rolle gespielt hat, möchte ich noch ein paar mehr Worte zum inneren Glück verlieren. Ich nenne es mein kleines Glück und denke, dass dieses Glück in jedem von uns steckt, ein Teil von jedem Einzelnen ist. Es hat etwas mit deinem Wesen und deiner Balance zu tun, mit deinen Gefühlen und Gedanken, wie du es empfindest und ob du es siehst beziehungsweise zulässt. Es hat etwas damit zu tun, ob du in deiner Mitte bist. Dein Mindset spielt dabei eine große Rolle. Mindset heißt: »Du bist, was du denkst.« Es ist natürlich bei jedem ein bisschen anders. Mein inneres Glück habe ich daraus gezogen, dass ich immer an mich selbst geglaubt habe. Ich hatte immer meine Träume und Pläne, aber was ich nicht konnte, ist, diese mit Druck zu erzwingen. Vieles ist zwischendurch schiefgegangen und hat nicht funktioniert, aber ich bin immer bei mir geblieben, habe meine Balance bei meiner Familie, insbesondere bei meinen Jungs, beim Sport oder auch in meiner Musik gefunden. Große Erfolge wurden durch äußeres Glück begünstigt, klar, aber auch harte Tiefschläge haben mich dadurch nie aus dem inneren Gleichgewicht gebracht. Ich wusste, wenn alles schiefgeht, habe ich immer noch die Menschen um mich herum, die mir wirklich etwas bedeuten. Ich habe immer noch mein inneres kleines Glück. Ich denke, das strahlt man auch irgendwie aus. Ein Lächeln zur Verkäuferin morgens beim Bäcker bringt meistens ein Lächeln zurück. Ich sage mir immer: Lieber eine Freundlichkeit zu viel als eine zu wenig. Dadurch wird alles um dich herum freundlicher und leichter, insgesamt einfach positiver. Und du hast das Gefühl, auch die großen Dinge erreichen zu können, selbst wenn du diese schicksalhaften Entscheidungen nicht erzwingen kannst. Sie geschehen einfach, wenn man sie lässt.

Ich bin sehr froh, dass ich mein eigenes kleines Glück für mich immer bewahren und beschützen konnte. Meine Musik hat dabei auch immer eine große Rolle gespielt. Ich habe in den letzten vier bis fünf Jahren neben meinen Drehs auch immer weiter an meinem Traum, meinem ersten deutschsprachigen Album im Stile meiner alten Helden, gearbeitet. Die Entwicklung des Albums war ohne Übertreibung eine unglaubliche Freude. Jeden freien Tag mit vollem Elan an den Songs zu arbeiten und zu erfahren, wie sie wachsen und irgendwann, wenn sie fertig sind, zu sehen, dass es alles so geworden ist, wie man es sich erwünscht hat, ist wirklich pures Glück.

Als wir beispielsweise im Studio die Orchesteraufnahmen gemacht haben: Da sind da auf einmal 40 oder 50 Menschen, die deine Songs spielen. Das erleben zu können ist einfach so intensiv, so schön, weil man sich das vorher nur erträumt hat. Die Entstehung dieses Albums bedeutet für mich Glück, ein Teil meines kleinen Glückes. Jetzt, wo es draußen ist, werden die Menschen entscheiden, ob es ihnen gefällt. Ich weiß nicht, ob es sie berühren wird oder ob sie das Album kaufen beziehungsweise heutzutage streamen werden. Ich hoffe es natürlich, aber das kann man vorher nie sagen. Ich habe alles genau so gemacht, dass es mir gefällt. Jede Note, jeder Takt, jeder Song, und wenn es auch anderen gefällt, ist das natürlich die Krönung. Es gibt da draußen etliche sehr gute Musiker und Sänger. Ob ich dagegen bestehen kann, weiß ich nicht, aber es nicht zu probieren hätte mich eher unglücklich gemacht.

Auch die Arbeit mit meinem Sohn Aaron, mit dem ich zwei Songs auf dem Album habe, unter anderem der Titel »Wie der Vater, so der Sohn«, hat mir das Herz aufgehen lassen. Wenn ich unseren kleinen Videoclip sehe und darüber nachdenke, was wir machen wollten und wie nah es an dem ist, was ich mir erträumt habe. Einmalig.

* * *

Alles in allem gab es in meinem Leben natürlich auch einige Dinge, die auf den ersten Blick nicht schön waren. Manches hat sich erst im Nachhinein als Glück entpuppt. Ja, es gab diese Zeiten, in denen ich mich gefühlt habe wie in einem Wirbelsturm. Von allen Seiten hagelte es Nachrichten, die nicht dazu gemacht waren, mich in meiner Mitte zu belassen. Es war wie in einem Bällebad, welches man über dir auskippt und sagt: »Fang nur die roten Bälle.« Ich dachte mir immer, egal was passiert, auch wenn die Erde zur Scheibe wird und ich alles, was ich mir erarbeitet habe, verlieren werde, es wird weitergehen, weil mein kleines Glück, meine Familie und wahren Freunde, immer an meiner Seite sein werden. Mir gelang es zum Glück auch in solchen Situationen, meine Grundstabilität und Balance nicht zu verlieren, vor allem auch eines der wichtigsten Güter, meine Gesundheit, zu bewahren. Dabei halfen mir mein Sport und mein Mindset, denn ohne Gesundheit ist alles andere nicht mehr wichtig. Ich bin zudem sehr froh, dass ich immer meine Bodenständigkeit und Einfachheit bewahrt habe, auf dem Weg nach oben, als meine Karriere ziemlich Fahrt aufgenommen hatte und genauso, als sie zwischenzeitlich jäh abgestürzt war. Der große Rahmen, das äußere Glück kann sich immer ändern, aber wenn du im Kleinen stabil und dankbar bist, kannst du Erfolge anders schätzen.

Das Leben jedes Einzelnen ist geprägt von Wendungen und Fügungen. Manche sind positiv, manche nicht. Die positiven nennen wir Glück, die negativen Pech. Die Bilanz erfahren wir erst am Lebensende. Was war Glück? Was war Pech? Wie viel hatte ich von welcher der beiden Seiten? Aber ist so eine Schlussrechnung wirklich interessant? Für mich war es das nie. Der Moment zählt, nicht das Morgen, weil du das Morgen nicht planen kannst. Also, planen kannst du natürlich schon, aber wie oft wird die Planung vom Irrtum beziehungsweise dem Schicksal durchkreuzt? Das Gestern ist ein Teil von dir und deiner Hintergrundgeschichte, das Morgen eine Unbekannte.

Ich habe schon vor längerer Zeit mal einen Song geschrieben, in dem folgende Textzeile vorkommt, die für mich dieses Thema gut zusammenfasst: »Alles, was man ist oder irgendwann wird, jede Entscheidung, macht dich zu dem, was du bist. An jedem Morgen erwach ich erneut und bin die Summe der Dinge aus gestern und heut.« Natürlich habe ich mir manchmal die Frage gestellt: Wie wäre mein Leben gelaufen, wenn die eine oder andere Situation anders gekommen wäre? Wie sähe dann die Summe aus gestern und heute aus?

Für mich, der im Mai 2023 58 Jahre alt wird, fällt die Bilanz bisher durchaus positiv aus. Ich bin in meinem Leben Achterbahn gefahren, aber es hat meistens Spaß gemacht. Ab und an musste ich mich fast übergeben, und mir war dann doch etwas schwindlig von dem wilden Ritt. Schließlich kamen dann aber wieder auch die ruhigeren, die schönen und entspannten Passagen des Lebens, und mein kleines Glück war in jeder dieser Phasen an meiner Seite.

Aktuell bin ich gerade auf Promotiontour für mein Album, und nur eine Woche nach Veröffentlichung sind wir auf Platz 7 der deutschen Albumcharts eingestiegen. Ich kann nur sagen, ich bin überwältigt und überglücklich.

Unser aller Leben ist aber in stetiger Bewegung. Jeden Tag ändert sich eine Kleinigkeit. Aber wir sind eben nicht nur individuellen Schicksalsschwankungen, sondern auch generellen äußeren Einflüssen ausgesetzt, die die ganz Welt betreffen. Manchmal sind es die Black Swans, also unvorhersehbare und plötzlich eintretende Ereignisse, die die ganze Welt zum Beben bringen. Nach überstandener Corona-Pandemie haben wir zwischenzeitlich einen Krieg vor unserer Haustür. Die wirtschaftliche Situation ist für die meisten Haushalte, auch in einem reicheren Land wie Deutschland, schwieriger geworden.

Viele definieren sich als glücklich oder unglücklich stets gemessen an der Geldmenge, die ihnen zur Verfügung steht. Das ist, wenn man so will, die dritte vom Menschen definierte Form von Glück neben dem inneren, kleinen Glück und dem äußeren, schicksalshaften Glück. Aber spielt in Sachen Glück das Geld wirklich eine so große Rolle? Stimmt die alte Floskel: Geld allein macht nicht glücklich? Aus meiner Sicht definitiv. Ich durfte viele Menschen kennenlernen, die sehr wohlhabend, aber auch sehr unglücklich waren. Denen stehen die Millionäre entgegen, die nicht nur reich, sondern gleichzeitig auch glücklich sind. Das sind diejenigen, die sich das kleine Glück bewahren konnten, unabhängig von ihrer finanziellen Ausstattung.

Ich denke, es geht bei dem Satz »Geld allein macht nicht glücklich« im Wesentlichen um das Wörtchen »allein«. Geld macht dich in den seltensten Fällen unglücklich, aber es spielt eigentlich nur dann eine erwähnenswerte Rolle, wenn du zu wenig hast. Bei mir war das zumindest so. Nur als ich nicht wusste, wie ich den kommenden Monat finanzieren soll, hatte Geld einen bedeutenden Platz in meinen Gedanken.

Der kleine südasiatische Staat Bhutan ist der einzige weltweit, der jedes Jahr einen Index namens Bruttonationalglück berechnet. Dieser wird dem Bruttonationaleinkommen gegenübergestellt. Die Bhutaner finden damit nicht nur heraus, wie viel Geld der Staat erlöst, sondern auch, wie es seinen Einwohnern geht. Auffälligste Erkenntnis, die auch überall sonst auf der Welt gilt: Menschen, die mit ihrem Einkommen ihre Grundbedürfnisse nicht decken können, sind weniger glücklich. Wenn sie die Schwelle erreicht haben, ab der sie das können, ist alles gut. Danach werden sie nicht mehr glücklicher, sprich auch Reichtum macht demnach nicht glücklicher.

Ich habe vor nicht allzu langer Zeit einmal gesagt: Wenn alles so bliebe, wie es im Moment ist, wäre ich der glücklichste Mensch. Mein Beruf macht mir auch nach all den Jahren noch einen Heidenspaß und ermöglicht mir immer neue schöne Momente. Ich kann mit dem, was ich wirklich gerne tue, mit meiner Leidenschaft, auch nach über 30 Jahren immer noch meine Familie ernähren. Mein Privatleben ist in der Balance. Meine Söhne, Anna und Cooperle tun ihr Übriges dazu. Ja, ich bin glücklich, und ich kann mein kleines Glück manchmal kaum fassen. Ich bin sicher, dass manche jetzt sagen: »Ja, der Keller hat gut reden, der verdient ordentlich Kohle und quatscht hier von kleinem Glück.« Die Antwort lautet: »Sorry, ihr liegt wirklich falsch.« Dieses kleine Glück, von dem ich spreche, war immer das Wichtigste in meinem Leben, das ich mit allem, was mir zur Verfügung stand, verteidigt und bewahrt habe. Dieses kleine Glück wahrzunehmen, zuzulassen und wertzuschätzen ist in der heutigen Zeit zugegebenermaßen nicht besonders leicht. In unserer Gesellschaft, die meist leistungsorientiert handelt und urteilt, sind es oft die Kinder, die noch nicht so verkopft im Leben stehen, die es noch glücklich macht, wenn man mit ihnen einen Ausflug macht, einen Schneemann baut oder ein paar Plätzchen backt. Sie freuen sich an kleinen Dingen, es ist ihr eigenes kleines Glück. Uns Erwachsenen fällt es zunehmend schwerer, das kleine Glück im Alltag zu sehen und zu schätzen. Es würde mich wahnsinnig freuen, wenn immer mehr Menschen das kleine Glück wieder für sich entdecken würden.

Liebes Glück, schön, dass es dich gibt! Wer oder was auch immer du bist?!

Kapitel 10:
Meine zweite Halbzeit

Es war ein Abend im März 2012, an dem mein Leben nach einigen Höhen und Tiefen, nach Erfolgen und Niederlagen eine wunderbare Wende nahm. Das war der Tag, an dem ich meine Lebensgefährtin Anna traf. Zufall oder Schicksal? Man mag es bezeichnen, wie man möchte. Für mich war es einfach riesengroßes, bereicherndes Glück. Ich war an diesem Tag in Köln und wie immer am »Herumrennen«, wie ich es selbst nenne; also hier ein Termin, da noch ein Treffen. Abends wollte ich eigentlich zurück an den Bodensee fahren, als mich mein alter Freund Werner Olm, der mittlerweile bedauerlicherweise schon verstorben ist, anrief und mich überredete, mit ins maca_ronni zu kommen, um gemeinsam noch etwas trinken zu gehen.

Werners Freundin hatte an diesem Abend ihre Arbeitskollegin Anna mitgebracht. Anna war anders – in jeglicher Hinsicht. Sie entsprach mit ihren raspelkurzen Haaren und ihren Trompeterhosen überhaupt nicht meinem Schönheitsideal, genauso wenig, wie ich mit meiner abgerockten Lederjacke und der Frise auf halb acht ihr optisches Zentrum hätte reizen können. Aber irgendwie war sie besonders. Ein Mensch, der einem unbewusst nahe ist, mit dem man eine gewisse Ebene erreicht, die man nicht so häufig mit anderen Menschen hat. Der Abend wurde fürchterlich lustig, und wir hatten alle einen Heidenspaß. Als wir schließlich das Restaurant verließen, tauschten wir Nummern und verabschiedeten uns dann mit einem leichten Grinsen auf den Lippen. In den folgenden Tagen schrieben wir uns ab und zu Textnachrichten und telefonierten auch zwischendurch. Anna und ich lernten uns Tag für Tag besser kennen. Wir trafen uns wieder, gingen dann regelmäßig miteinander aus, und schließlich verliebten wir uns ineinander. So hat alles angefangen und ist bis heute unverändert so geblieben. Ich empfinde es als unfassbares Glück, dass Anna in mein Leben getreten ist. Sie schenkt mir ihre Liebe, ihr Vertrauen und die Geborgenheit. Ich habe ihr wirklich sehr viel zu verdanken.

Als wir uns kennenlernten, hatten die schwierigen Zeiten meiner Vergangenheit auch körperliche Spuren bei mir hinterlassen. Ich machte zwar meinen Sport wie immer, war austrainiert und vordergründig auch gesund. Allerdings musste ich den stressigen Lebensumständen auch Tribut zollen. Mein Schlafpensum war oft nicht ausreichend und auch meine Ernährung nicht optimal, meist relativ einseitig, weshalb ich manchmal etwas ausgemergelt wirkte. Mit Anna kam ein wichtiger Schuss Ordnung in mein Leben. Plötzlich war da jemand, der sich um mich kümmerte. Diese Geborgenheit ist eines der schönsten Gefühle, die es gibt. Die ganzen Jahre bin ich durch die Welt gerannt, habe versucht, meine Familie zu ernähren, und mich dabei selbst etwas vernachlässigt und nicht ganz so sorgsam behandelt. Anna sorgte dafür, dass meine Ernährung balancierter wurde, und sie überzeugte mich auch davon, dass der eine oder andere Routine-Check-up beim Arzt ab einem gewissen Alter kein Luxus, sondern Teil eines gesunden Lebensstiles ist. Sie brachte Struktur in meinen Tagesablauf. Ich hatte diese Regelmäßigkeiten und den Rhythmus lange vermisst und auch seit Beginn meiner beruflichen Karriere so nicht mehr gekannt. Einfach mal alle fünfe gerade sein lassen, auszuspannen, es sich zu Hause gemütlich zu machen und nicht permanent unter Strom zu stehen und auf dem Sprung zu sein.

Aaron, Joshua und auch Tülin haben sich mit Anna schnell gut verstanden, und somit sind wir, wie man in Neudeutsch so schön sagt, eine glückliche Patchwork-Familie geworden, die sich miteinander gut versteht und zusammenhält. Anna ist nicht nur meine Liebe, sondern mein Anker und Ruhepol, und gleichzeitig schmeißt sie noch mit ihrer Leichtigkeit das organisatorische Backoffice der Familie Keller. Seit elf Jahren ist sie ein zentrales Element meines kleinen Glücks.

* * *

2013 geriet ich durch den immer größer werdenden Erfolg des »Bergdoktors« wieder etwas mehr in den Fokus und erhielt neue Entwicklungsmöglichkeiten und Chancen. Anfragen für Galas, auf denen ich mit meiner Musik auftrat, kamen ebenso herein wie Einladungen und Angebote für verschiedene TV-Formate.

Bei einer dieser TV-Anfragen handelte es sich 2013 um ein neues NTV-Magazin mit dem Titel »Tatort Autobahn«. Da man mich in der Öffentlichkeit aus früheren Folgen von »Alarm für Cobra 11« als draufgängerischen Autobahnpolizist André Fux kannte, nahm man das zum Anlass, mir, dem »Ex-Autobahn-Cop«, die Moderation zu diesem Format anzubieten. Moderiert hatte ich noch nie und war mir auch nicht so sicher, ob ich das kann. Ich konnte. Schließlich sind fünf Episoden daraus geworden, in denen ich die reale Autobahnpolizei auf ihren Einsätzen begleitet und die jeweiligen Beiträge anmoderiert habe. Es war eine tolle Erfahrung, spannend und interessant, aber eben auch gleichzeitig wieder eine Steilvorlage für das große Glück.

Die Regieassistentin des Formats studierte selbst Regie in Dortmund und sprach mich auf ihren Abschlussfilm an. Sie bot mir an, einen Schwarz-Weiß-Clip genau im Stile meiner alten Helden zu drehen. Ich fand die Idee sehr reizvoll und sagte zu. Wenig später entstand der Clip zum Song »A blossom fell« von Nat King Cole mit meiner Interpretation.

Und nun nahmen der Zufall, das Schicksal, das Glück wieder seinen Lauf. Vermittelt durch eine TV-Agentin landete der Clip auf dem Schreibtisch der Redaktion der »Helene Fischer Show«, die noch einen Duettpartner für Helenes »Movie Medley« in der Weihnachtssendung 2014 suchte. Man bot mir an, mit Helene einen Zusammenschnitt aus Songs der alten Filmklassiker wie

»Frühstück bei Tiffany«, »Der Tolpatsch« oder auch aus »Der Zauberer von Oz« zu singen. Das war mehr als perfekt, und ich sagte ohne zu zögern zu.

Mit den berühmten Melodien aus den Filmen, die ich von klein auf geliebt hatte, an der Seite der erfolgreichsten deutschen Sängerin in ihrer eigenen Weihnachtsshow aufzutreten, war einfach unglaublich. Helene war sensationell, und die Show war es auch. Die Reaktionen waren ebenfalls durchwegs sehr positiv. Ich bin mehr als dankbar und glücklich, damals diese Chance bekommen zu haben, und für all das, was danach kam.

Durch die Show kam ich in engeren Kontakt mit Helenes Manager Uwe Kanthak. Wir überlegten, wie wir ein Album für mich auf die Beine stellen könnten, das meinem Musikstil gerecht werden würde. Auf eine Art begann damals die Vorarbeit für mein Album »Mein kleines Glück«, das Ende Februar 2023 auf den Markt kam.

An dieser Stelle ist es Zeit, von ganzem Herzen Danke zu sagen. Danke an Rainer Moslener, der langjährig als enger Vertrauter und rechte Hand von Uwe Kanthak für das Künstlermanagement arbeitete und Geschäftsleiter von Michow Concerts war. Er war derjenige, der mich ab dem Tage unseres Kennenlernens 2014 stets in meinem Glauben bekräftigte, dass ich musikalisch auf dem richtigen Weg sei, der hartnäckig für mein Album gekämpft hat und mir von Anfang an half, mich für die Arbeit an den Songs mit den richtigen Leuten zusammenzubringen. Rainer ist, und es ist für mich auch heute immer noch unfassbar traurig, innerhalb kürzester Zeit, nachdem bei ihm ein Gehirntumor festgestellt wurde, am 17. Juni 2019 seiner Krankheit erlegen. R.I.P., Rainer! Ich hoffe, du kannst von einem schönen Ort irgendwo da oben auf uns herabschauen, und dir gefällt, was wir nach all den Jahren geschafft haben.

2016 durfte ich erneut gemeinsam mit Helene in der »Helene Fischer Show« in einer Mary-Poppins-Inszenierung auftreten, 2019 folgte ein weiterer Auftritt mit Helene und Thomas Gottschalk in einem Medley aus »My fair lady«. Vielen herzlichen Dank an Helene, Uwe und das ganze Team. Mit euch ist es eine Freude zu arbeiten und bedeutet für mich wirklich Glück.

Durch meine Rolle in der Serie »Der Bergdoktor« und natürlich auch durch die zahlreichen TV-Shows der letzten Jahre, wie vor allem die »Helene Fischer Show«, bekam ich Anfragen als Markenbotschafter für ganz verschiedene Produkte. Einer der ersten Unternehmen war Bela Aqua, die mit ihren Wasserfilteranlagen für reines Wasser stehen, was natürlich für mich als Sportler und Mensch, der sich gesund ernährt, genau auf den Punkt ist und meiner tiefsten Überzeugung entspricht. Als leidenschaftlicher Hobbytennisspieler freue ich mich, für den Sportartikelhersteller Wilson aktiv sein zu dürfen, und die EMS-Trainingsgeräte von EasyMotionSkin, die bei dynamischen Übungen leichte Stromschläge während des Trainings verabreichen, was den Muskelaufbau unterstützt, sind natürlich ebenfalls genau mein Bereich, zumal in mich schon vorher jahrelang intensiv mit dem Thema EMS auseinandergesetzt hatte.

Ich freue mich sehr, dass mir immer wieder Unternehmen ihr Vertrauen schenken, für sie als Markenbotschafter tätig sein zu dürfen. Das gab mir in den vergangen Jahren die Möglichkeit und den finanziellen Spielraum, neben meinem Herzstück, der Serie »Der Bergdoktor«, auch meine Musik weiter voranzutreiben und an meinem Album arbeiten zu können.

Als im März 2020 die ganze Welt stillstand und Corona uns in einen Ausnahmezustand versetzte, war es zunächst wie eine Schockstarre für jeden von uns. Keiner wusste genau, wie es weitergeht, wie lange uns das Virus in Atem halten und wie sehr sich dadurch unser aller Leben verändern würde. Viele Menschen, gerade auch in meiner Branche, hatten von einem Tag zum anderen keinen Job mehr, und Existenzängste machten sich allerorts breit. In dieser schweren Phase hatten wir alle beim »Bergdoktor« das Glück, dass die Dreharbeiten ohne Unterbrechung weitergeführt wurden und somit die Produktionsmitarbeiter, die Crew und wir Schauspieler weiterhin ihrem Beruf nachgehen konnten. Alle anderen Projekte, wie zum Beispiel auch meine Arbeit an neuen Songs im Studio oder natürlich auch die Liveauftritte, wurden durch die Pandemie ausgebremst.

Durch diese unfreiwillige Entlüftung meines Terminkalenders blieb jedoch mehr Zeit für mein kleines Glück, für meine Jungs und Anna. Wir waren viel draußen, machten unseren Sport und gingen spazieren. Bei einem dieser Spaziergänge mit Anna und Joshua auf einer Wiese nahe einem See in Köln kam es im November 2020 zu einer folgenschweren Begegnung. Einer meiner Freunde hatte sich vor einiger Zeit einen kleinen Hund gekauft. Genau dieser Freund war an diesem Tag zufälligerweise mit seinem Vierbeiner ebenfalls an besagtem See spazieren. Wie so oft war ich am Telefon, während Anna und Joshua den Hund entdeckten. Sie bewunderten den süßen kleinen Kerl. Für mich war es einfach ein Hund wie jeder andere auch. Als ich mein Telefonat beendet hatte und wir gerade dabei waren, uns zu verabschieden, eröffnete mir Anna, dass sie auch unbedingt so einen Hund haben wolle. Joshua pflichtete ihr sofort bei: »Ja, Papa, ich wollte auch immer einen Hund, und du wolltest nie einen.« Ich dachte in dem Moment, mein Sohn hat möglicherweise einen Kopfball zu viel gemacht. »Wie hätten wir denn einen Hund haben sollen?«, antwortete ich irritiert. »Um so ein Tier muss man sich kümmern wie um einen Menschen. Wer hätte das machen sollen?« Anna grätschte dazwischen: »Aber ich will einen Hund.« Ich konnte es nicht fassen. »Was willst du jetzt bitte mit einem Hund? Habt ihr jetzt alle einen an der Klatsche?« Zuerst dachte ich, dass sich der unerwartete Hundewunsch bei Anna in den nächsten Stunden wieder legen würde. Doch weit gefehlt. Des lieben Friedens willen und um etwaigen weiblichen Repressalien zu entgehen, stimmte ich irgendwann zähneknirschend zu. Mein Freund schrieb mir kurz darauf, dass der Züchter seines kleinen Hundes im Dezember wieder einen Wurf erwarte und er direkt anfragen könnte, ob er einen kleinen Maltipoo für uns reservieren solle, da diese Hunde sehr selten und gefragt seien. Für alle, die nicht wissen, was ein Maltipoo ist, sei angemerkt, dass es sich dabei um eine Kreuzung zwischen Malteser und Pudel handelt, eben ein ziemlich süßes, wuscheliges Etwas. Nachdem die angekündigten Welpen am 12. Dezember 2020 das Licht der Welt erblickt hatten, schickte uns der Züchter Fotos der kleinen Wollknäuel. Wir sagten ihm zu, dass er definitiv einen für uns reservieren solle und wir in ein paar Wochen vorbeikämen, um uns einen auszusuchen. Als es so weit war, erzählte er uns, dass der Welpe, den er eigentlich für uns vorgesehen hatte, leider gestorben sei. Er zeigte uns die anderen kleinen Racker, und einer von ihnen stürmte direkt auf Anna zu. Es war wohl das, was man Liebe auf den ersten Blick nennt, oder einfach: Der Hund sucht sich dich aus, nicht du den Hund! Wir holten unseren »Cooper«, den ich verniedlichend eigentlich nur »Cooperle« nenne, vier Wochen später ab, und ich kann sagen, er hat unser aller Leben völlig verändert, und zwar im positivsten Sinne. Einige grundsätzliche Dinge mussten allerdings im Vorfeld noch geklärt werden. Bei der Abholung sagte ich zu Anna: »Okay, du bekommst jetzt deinen Hund, aber es gibt Regeln. Regel Nummer 1: Der Hund kommt nicht in mein Studio. Regel Nummer 2: Der Hund gehört nicht auf ein Sofa, und Regel Nummer 3: Auf gar keinen Fall darf er ins Bett.« Wir hatten für unser neues Familienmitglied ein häuschenähnliches Körbchen für den Transport ins neue Zuhause mitgebracht. Es war Winter und sehr kalt draußen. Der Kleine wirkte so zerbrechlich und etwas kränklich. Anna hatte ihn während der Fahrt am Körper und drückte ihn an sich. Als wir dann zu Hause waren und abends ins

Bett gingen, stellte Anna Cooperle in seinem Körbchen auf einen Stuhl neben das Bett auf ihrer Seite. Ich kann nicht sagen, wie lange es gedauert hat, sagen wir einfach nicht besonders lange, da sah ich das kleine Köpfchen aus dem dunklen Korb hervorschauen, und dann machte Cooperle urplötzlich einen filmreifen Satz über Anna hinweg, direkt auf mich, schmiegte sich, seinen Kopf in Richtung meines Gesichts, an meine Brust und blieb so liegen. Ich legte meine Arme um ihn, streichelte ihn, während Anna ungläubig kommentierte: »Ich dachte, er darf nicht ins Bett.« – »Nun lass ihn doch, das arme kleine Scheißerchen, ein paar Minuten bei mir.« So viel zum Thema Konsequenz. Seit dieser Sekunde schläft Cooperle jeden Abend so bei mir ein und kuschelt sich dabei unter meine Decke. Dieses kleine Wesen ist ein großer Teil meines kleinen Glückes geworden. Ich liebe ihn sehr und möchte wirklich keine Sekunde mit ihm missen.

* * *

Mitten in der Pandemie, im November 2021, war ich als Überraschungsgast in der Samstagabendshow von Giovanni Zarrella und überreichte ihm im Namen seiner Plattenfirma Telamo Doppelplatin für sein Album »La vita è bella« und Gold für sein Album »Ciao«. Im Hintergrund der Show in München war auch der Geschäftsführer des Labels, Ken Otremba, und einige Mitarbeiter vor Ort. Wir sprachen an diesem Abend auch über meine musikalischen Aktivitäten und Pläne, über mein Album, an dem ich schon seit geraumer Zeit arbeitete. Telamo gefiel mein Konzept und meine Musik. Sie glaubten daran, dass ich damit erfolgreich sein würde, und wenig später unterschrieb ich meinen Vertrag mit dem Label. Mit der Plattenfirma im Rücken war 2022 dann das Jahr, in dem wir verstärkt an dem Album arbeiteten, noch einmal ein paar neue Songs aufnahmen und die finalen Orchester-Recordings machten. Ende 2022 war das Album fertig, Ende Februar 2023 wurde es schließlich veröffentlich. Einmal mehr hatte ich das Glück, im richtigen Moment in der richtigen Fernsehshow gewesen zu sein und dort mit Telamo mein neues musikalisches Zuhause gefunden zu haben.

Im Jahr 2022 passierte musikalisch dann noch eine für mich völlig unerwartete Geschichte. Auf Vermittlung von Uwe Kanthak, dem Manager von Helene Fischer, fragte man mich an, ob ich Lust hätte, bei »The Masked Singer« mitzumachen. In dieser Show treten prominente Personen in witzigen Ganzkörperkostümen, die nicht erkennen lassen, wer sich dahinter verbirgt, als Sänger gegeneinander an. Ich war zunächst skeptisch, weil ich gerade an meinem Album arbeitete und Angst hatte, mich zum Gespött der Menschen zu machen, wenn ich die für mich ausgesuchten Titel verschiedener Stilrichtungen nicht wirklich gut singen würde. Ein blamables Abschneiden könnte einen negativen Schatten auf mein eigenes Album werfen, weswegen ich ernste Bedenken hatte, damit möglicherweise ein Eigentor zu schießen.

Man überzeugte mich schließlich, dass die Show sehr lustig und positiv sei und ich mir damit nichts kaputtmachen könnte, und so war es auch, das Glück blieb mir hold. Im Kostüm des Dornteufels kam ich dank der Stimmen des Publikums jede Woche eine Runde weiter und stand schließlich im großen Finale der letzten Drei. Am Ende schaffte ich sogar den zweiten Platz hinter Ella Endlich. Damit hätte ich niemals gerechnet, zumal sich unter den anderen Kandidaten neben Ella Endlich auch noch die Topsängerinnen Jeanette Biedermann und Joana Zimmer sowie der international erfolgreiche Tenor Paul Potts befanden. Wenn ich das vorher gewusst hätte, wäre es mir wahrscheinlich schon etwas flau im Magen geworden.

Lustig war auch die Studiojury mit Ruth Moschner und Rea Garvey. Sie mussten nach jeder Gesangsdarbietung ihre Meinung abgeben, wer sich hinter dem Kostüm verbirgt. Rea Garvey, den ich zwar gut kenne, der mich aber vor der Show nur einmal bei einem Auftritt hat singen hören, tippte sofort auf Mark Keller. Da war ich einigermaßen baff. Ruth Moschner vermutete aus heiterem Himmel am Anfang der Staffel einen »Bergdoktor«-Darsteller hinter dem Dornteufel-Kostüm und tippte auf Hans Sigl. Ich konnte es nicht fassen und grinste unter meiner Maske in meinen Bart. Ruth kommentierte, dass es Mark Keller nicht sein könnte, den würde sie schließlich kennen, da sie mit dem schon einmal »verheiratet« gewesen sei. In einer TV-Produktion, versteht sich. Irgendwann am Ende der Staffel vermuteten sie alle, dass ich mich hinter Maske verberge. Ja, und am Ende wurde ich Zweiter. Wow! Das war schon der Hammer! Danke an das Publikum, dass ihr mich jede Woche weitergewählt habt.

* * *

Und jetzt stehen wir hier im März 2023. Mein Album ist seit Kurzem auf dem Markt, und ich bin mehr als glücklich mit dem Ergebnis. Ab Mai geht es wieder zurück in die wunderschönen Tiroler Alpen, denn dann beginnen die Dreharbeiten für die kommende »Bergdoktor«-Staffel. Ich freue mich schon sehr, das ganze Team und natürlich »meinen einzigen Freund Martin« wiederzusehen.

Mein großer Wunsch für die Zukunft ist es, mit meinem Album, begleitet von einem Orchester, auf Tour gehen zu dürfen und meinen Musikfilm sowie mein Kindermärchen zu realisieren. Wir werden sehen, was das Leben für mich noch bereithält. Mein großes Glück ist, dass ich mein kleines Glück erkenne und schätzen kann.

Und eines steht fest: Wenn alles nur so bleibt, wie es im Moment ist, ist es für mich schon das allergrößte Glück.

Alles ist gesagt, obwohl ... eine Sache liegt mir noch am Herzen: Dieses Buch zu schreiben war, wie eingangs erwähnt, meinerseits nie geplant, da ich meine Karriere und das Erreichte im Vergleich zu anderen bedeutenden Persönlichkeiten für nicht wirklich erwähnenswert halte. Dennoch hat mir die Arbeit an diesem Buch über mein kleines und großes Glück sehr großen Spaß gemacht, und ich hoffe, Sie haben genauso viel Spaß beim Lesen.

Einige meiner Wegbegleiter, die mir in meinem Leben dabei geholfen haben, mein Glück zu finden, es zu erkennen und zu erhalten, kommen in diesem Buch vor, aber nicht in dem Maße, wie ich ihnen eigentlich danken möchte. Andere bleiben sogar gänzlich unerwähnt. Daher noch einmal abschließend: Ich bin die Summe aller Dinge und Erlebnisse, die mich auf meinem bisherigen Lebensweg begleitet haben. Ihr wart alle ein sehr, sehr wichtiger Teil davon. Ohne euch wäre dieser Weg nicht möglich gewesen. Noch mal ein großes Dankeschön!

Über den Autor

Mark Keller, 1965 in Überlingen geboren, ist Schauspieler und Sänger. Bekannt wurde er durch die TV-Serie »Sterne des Südens« sowie seine Rolle des Kommissar André Fuchs in der Kultserie »Alarm für Cobra 11 – Die Autobahnpolizei«. Keller spielte in unzähligen Fernsehserien, TV- und Kinofilmen. Seit 2008 verkörpert er Dr. Kahnweiler in der Erfolgsserie »Der Bergdoktor«. Keller hat zwei Söhne und lebt in Köln und am Bodensee.